基于乡村振兴背景下乡村旅游扶贫研究

曾蓉 著

图书在版编目（CIP）数据

基于乡村振兴背景下乡村旅游扶贫研究/曾蓉著—北京：经济管理出版社，2019.8
ISBN 978-7-5096-4578-9

Ⅰ.①基⋯ Ⅱ.①曾⋯ Ⅲ.①乡村旅游—作用—农村—扶贫模式—研究—中国 Ⅳ.① F592.7 ② F323.8

中国版本图书馆 CIP 数据核字（2019）第 245059 号

组稿编辑：高　娅
责任编辑：高　娅
责任印制：黄章平
责任校对：张晓燕

出版发行：经济管理出版社
（北京市海淀区北蜂窝 8 号中雅大厦 A 座 11 层　100038）
网　　址：www.E-mp.com.cn
电　　话：(010) 51915602
印　　刷：北京玺诚印务有限公司
经　　销：新华书店
开　　本：710 mm × 1000 mm/16
印　　张：10.25
字　　数：181 千字
版　　次：2019 年 8 月第 1 版　2019 年 8 月第 1 次印刷
书　　号：ISBN 978-7-5096-4578-9
定　　价：68.00 元

·版权所有 翻印必究·
凡购本社图书，如有印装错误，由本社读者服务部负责调换。
联系地址：北京阜外月坛北小街 2 号
电　话：（010）68022974　邮编：100836

前　言

乡村振兴背景下，乡村旅游是农民就业的重要渠道之一，更成为有效吸纳贫困人口就业的重要途径。乡村旅游扶贫作为乡村振兴的一个重要驱动源，在助力乡村振兴过程中，必须要紧扣"产业兴旺、生态宜居、乡风文明、治理有效、生活富裕"的总要求，明确发展的问题及瓶颈，确定遵循乡村旅游规划的重点，在旅游资源禀赋较好的贫困地区，因地制宜发展乡村旅游，注重独具乡土特色景观的营造，通过创意设计，将乡村中的本土资源转变成乡村中独具特色的景观，形成不同于城市的乡土景观体系，科学发展乡村旅游扶贫。尤为重要的是，乡村旅游规划要始终遵循"居游共享"的理念，在乡村公共设施规划中，同时满足游客和居民的需求，并注重与乡村整体环境协调。与此同时，紧紧把握"绿水青山就是金山银山"这一理念，在发展乡村旅游扶贫的过程中注重对当地生态环境的保护，在确保贫困地区生态资源可持续发展的同时实现其脱贫致富。因而，就乡村振兴战略背景下乡村旅游扶贫现状及优化措施进行深度研讨十分有必要，以此提出更为有效的策略，使乡村旅游扶贫效益辐射到更大范围的乡村贫困群体，确保农业和农村经济顺利健康发展、人民安居乐业。

基于以上背景，在系统梳理国内外相关研究成果的基础上，本书就乡村振兴背景下乡村旅游扶贫进行探讨。全书共分为六章：第一章就乡村振兴战略提出背景、主要内容以及总体要求等情况进行具体论述，为后文奠定理论基础；第二章从乡村旅游扶贫基础理论入手进行分析，就乡村旅游扶贫基础概念、乡村旅游扶贫内涵、乡村旅游扶贫基础理论等概念性要素进行解读；第三章基于国外视域下分析乡村旅游扶贫的启示，并结合国内旅游扶贫实施效果及困境，进一步提出有效的解决措施；第四章在乡村振兴视角下对乡村旅游扶贫机制、乡村旅游扶贫产业链开发方案以及乡村旅游扶贫路径进行系统分析；第五章结合我国当今乡村扶贫优秀案例——湖北恩施、西藏林芝、湖北英山、大理石龙等，分别就当地乡村旅游现状及具体方案进行细致分析，进一步为我国乡村旅游扶贫提出参考；第六章基于乡村振兴背景下就乡村旅游扶贫可持续发展问题进行分析，结合乡村旅游可持续发展影响因素、乡村旅游经济与文化可持续发展以及保障措施进行探究，提出优化路径。

本书本着实用性与可行性的原则，最大限度地满足乡村振兴、乡村精准扶贫及乡村旅游扶贫等内容研究人员开展相关实践的需要，与此同时，更希望能够供研究乡村振兴及旅游扶贫等相关专业的学生阅读参考，帮助其进一步促进自我专业知识的完善。由于笔者水平有限，本书中难免会有疏漏之处，恳请广大读者批评指正。

曾蓉

2019 年 8 月

目 录

第一章 乡村振兴战略提出背景及内涵分析 ... 1
第一节 乡村振兴战略提出的现实背景及时代背景 ... 1
第二节 乡村振兴战略的主要内容 ... 5
第三节 乡村振兴战略的总体要求 ... 10

第二章 乡村旅游扶贫基础理论 ... 16
第一节 乡村旅游扶贫的概念解读 ... 16
第二节 乡村旅游扶贫的内涵、意义及影响 ... 21
第三节 乡村旅游扶贫的理论基础 ... 29

第三章 基于国内外视域下乡村旅游扶贫发展历程及实践研究 ... 42
第一节 国内外乡村旅游扶贫的发展历程 ... 42
第二节 国内外乡村旅游扶贫的实践类型及方式 ... 48
第三节 国外视域下乡村旅游扶贫实践经验分析 ... 57

第四节 国内视域下乡村旅游扶贫困境及出路分析............66

第四章 基于乡村振兴背景下的乡村旅游扶贫策略探究........77
第一节 基于乡村振兴背景下乡村旅游扶贫机制分析..........77
第二节 基于乡村振兴背景下乡村旅游扶贫产业链
　　　　开发方案分析................93
第三节 基于乡村振兴背景下乡村旅游扶贫方式选择.........99

第五章 基于乡村振兴背景下的乡村旅游扶贫案例分析......106
第一节 湖北恩施州：精准扶贫　注重效益.............106
第二节 西藏林芝市：积聚力量　多方扶贫.............114
第三节 湖北英山县：整合资源　优化配置.............120
第四节 大理石龙村：更新观念　落实行动.............126

第六章 基于乡村振兴背景下的乡村旅游扶贫可持续
　　　　发展问题探究................136
第一节 乡村旅游扶贫效应及可持续发展影响因素分析....136
第二节 基于乡村振兴背景下乡村旅游经济与
　　　　文化可持续发展分析..............143
第三节 基于乡村振兴背景下乡村旅游扶贫可持续
　　　　发展保障措施探究...............147

参考文献................152

第一章 乡村振兴战略提出背景及内涵分析

第一节 乡村振兴战略提出的现实背景及时代背景

人居环境建设和乡村振兴战略近年来一直是党和国家政策的重点。党的十九大报告中正式提出了乡村振兴战略的发展方针。如果用20个字概括其内容，包括"产业兴旺、生态宜居、乡风文明、治理有效、生活富裕"，从这20字方针来看，乡村振兴战略主要包括五个方面的内容，而这五个方面有着清晰的内在逻辑，同时也是我国经济社会当前发展阶段的重要内容。近年来，随着我国经济的平稳推进和向高质量精细化转变，农村经济成为制约国民经济发展的重要因素，因此乡村振兴战略的提出可谓恰逢其时，为下一步农村经济发展提供了有力指引。党的十九大以来，我国不断努力缩小城乡差距，实现城乡融合，努力构建符合当前国情的新城市与新农村社区的关系。但是，城市辐射对农村的作用还不明确，需要建立城乡融合的体制，并采取相应措施切实推进乡村振兴战略的开展。总之，乡村振兴战略的提出是我国农村发展的重要举措，是推动农村经济发展的重要力量。

"三农"问题与国民经济息息相关。在当下新时代的背景下，党中央基于农民群体实际情况，以保障农民群体利益为核心，对农业农村发展提出新的要求，借助乡村振兴战略的实施也农业农村新型现代化建设指明了方向。

一、乡村振兴战略提出的现实背景

随着我国社会发展进入新时代,农业农村的发展也面临着诸多现实难题,如何基于当下农村发展的实际情况,进一步实现农业农村的综合发展,逐渐成为当下多部门所关注的问题。而反观农村当下实际发展情况,可以窥见其固有弊端,为乡村振兴战略的提出提供了现实背景。

(一)农村资源环境破坏严重

自然生态环境是乡村发展的基础和保障。从长远来看,我国农业生产在很大程度上依赖于资源的科学投入以及充分利用,但是,由于部分传统的农业生产形式没有完全改变,绿色生产、科技生产在农村资源利用与产业开发上尚未得到充分体现,大部分地区都过于强调经济效益,缺乏保护农村自然环境和农田等宝贵资源的意识。与之相对的是,部分地区的环境负荷已接近极限。同时,为满足城市消费者的需求,农村地区过于重视现代生活方式,在一定程度上破坏了农村的自然生态文化,过度的商业化以及工业化,违背了农村绿色、生态、文化发展的理念,加剧了农村自然资源的损耗与破坏。

近年来,我国生态旅游农业发展迅速,使农村资源层面所存在的压力有所缓解。但是,我国休闲旅游农业的发展还处于初级阶段,对发展定位的认识还比较浅薄,同时乡村旅游扶贫还有着极大的发展空间。此类农村地区开始注重发展非农业产业,采取文化产业与旅游经济等相结合的方式进一步推进乡村振兴战略的实施,从而从另一角度提升了农村生态文化等固有价值。由以上分析可知,当下农村资源的破坏成为乡村振兴战略的现实实施依据之一。

(二)农村基础设施建设薄弱

近年来,我国农村基础设施建设不断完善,为农业农村的可持续发展奠定了良好的基础。但是与发达国家相比,我国农业发展还相对缓慢,我国农业基础设施还比较薄弱,从而极大程度地制约着农村农业经济的进一步发展。

一是农业用地灌溉等基础设施建设滞后。近年来,为了做好农村基础设施工作,政府不断加大对农村基础设施建设的投资力度,但由于资金内部配置结构不合理,多数地区农田供水建设资金占比明显不足,直接导致部分地区灌溉设施老化,进一步加大水资源短缺问题。同时,囿于水利设施资金的缺乏,导致农村的直饮水资源也相对匮乏。

二是农村公共交通设施发展缓慢。公共交通的建设是调整城市与农村之间联系的重要纽带。近年来,我国农村公共交通建设取得了很大进展,然而与城市公共交通建设相比,我国农村大部分地区的公共交通状况仍不甚理想。尤其是中西部地区的农村,由于地理、历史等原因,其公共交通建设无论是在数量上还是在质量上都呈现出与社会发展不相符的状况,使当地的现代农业发展转型升级在一定程度上受到限制。

三是农村信息技术化发展水平低。随着互联网技术的普及,传统的农业发展体系面临挑战,必须顺应时代发展改变当前产业模式以适应现代化的理念。然而,大多数农村地区,特别是边远地区"互联网+农业"模式还未真正形成。互联网、农产品互联网等先进技术的应用尚处于初始阶段,对农业生产管理服务的作用尚未显现。

(三)农民增收后劲不足

目前,农村和城市教育水平之间存在很大的差距,农村群体的受教育水平一般较低,极大程度上限制了农村经济发展。

首先,中国的农业发展主要依赖于小规模的家庭生产。长期以来,由于相对落后的基础设施建设和农村地区农业缺乏科学技术的支撑,农业开发无法承受自然灾害,农民群体未能充分享受互联网时代所带来的技术红利。其次,随着经济结构的转变和农业产业高度集约化,农产品的市场供给存在矛盾,中国的农村大部分都是基于家庭生产而获取收入,要想实现大规模产业的发展目标还存在一定困难,且缺乏一些必要条件。另外,近年来,进城务工劳动者的收入也有减少的倾向,正是由于大部分农民的低教育水平,在城市工作的农民面临的就业压力有所增加,农民的工资收入增长受到了限制。基于此,调整城乡资源,确保农民收入持续稳定增长,确保农业和农村顺利健康发展,也已经成为当前阶段农村农业发展需要解决的一大问题。

二、乡村振兴战略提出的时代背景

(一)经济新常态要求

近年来,随着我国对农业农村问题的重视,我国的农业现代化发展水平与之前相比有了较大的进步,具体表现在两个方面,一方面是农业总生产力的提高,另一方面是粮食产量呈现出逐年递增的发展状况。目前,随着我国经济建设进入新的发展阶段,我国的经济年增长速度由传统的高增长向中高增长转变,我国经济发展进入新常态。

因此,要适应经济新常态发展的需要,从发展的角度看,当经济发展进入新的阶段时,我国社会经济增长率由快速增长向中高速转变,更为注重所生产产品的综合质量,而并不是仅注重发展速度。随着互联网环境下农业产业生产与消费模式的改进,经济新常态也带来了农产品供求关系的变化,人们的消费观念逐渐呈现出个性化和多样化,更为注重农产品的质量抑或相关的服务,传统农产品已不再是人们消费的主要目标。在此大环境下,绿色农产品以其品牌的质量保证受到了很多的赞誉。

所以,有必要在中国特色社会主义进入新时代、经济发展进入新常态的背景下,采取新的发展视角,提高农业和农村发展的活力。在注重城乡发展资源整合的基础上,促进农业农村发展,集多方力量补齐发展的"短板",最大限度依托"乡村振兴"战略的实施实现农村产业结构转型升级,促进农村农业经济的长足发展。

(二)农村发展现状不能满足城乡居民对美好生活的需求

党的十九大报告提出了中国特色社会主义发展已经进入新时代这一重大判断,它明确了我国发展新的历史方位。同时,随着经济社会的持续发展,我国社会的主要矛盾也发生了转变。

随着中国特色社会主义进入新时代,人民生活水平大幅提高。同时,人们对农业农村的发展提出了更高的要求,同时对自身居住及生活环境也提出了更高的要求。由于工业化的快速发展,城市化步伐的加快,人们进入了一个竞争更为激烈的社会大环境,更加渴望能够从城市的喧嚣和压力中寻求自然的回归,身处城市的群体向往体验原始的生态乡村生活,城市生活的压力进一步增加了其心理需求。在此契机下,实施乡村振兴战略,依托农村自然资源的综合开发与利用,建设生态宜居与产业兴旺的美丽乡村,既能为城市居民感受"慢生活"提供可行的环境,也能改善村庄的生产和生活环境,实现农村的绿色可持续发展,促进农村经济的长足发展。因此,实施乡村振兴战略,通过将农业文化产业、现代农业生产、农村生态等自然要素融合发展,将绿色生活的乡村生活环境转化为合乎逻辑的生态农产品,再依托优质的文化产业相关服务,推进农村经济的发展,打造农村发展新的利润增长点。

第二节 乡村振兴战略的主要内容

乡村振兴战略不仅包括乡村政治、经济发展,还包括乡村生态、文化建设,因此,实施乡村振兴战略要立足于产业、着眼于生态、重视乡风民情、加强乡村治理,以实现农村生活的全面富裕。

一、乡村振兴战略的内容

(一)产业兴旺

产业振兴是实施乡村振兴战略的关键,也是农业现代化发展的基础。为了适应长期以来新农村建设中"生产发展"的需要,大量农村的农业生产主要采用传统的农用地开发模式,农业发展仅限于农产品生产,未能完全实现农业现代化的发展。新时期,农业发展应破除单一、固化的生产结构,走多元化产业融合的道路。

产业兴旺既是乡村振兴的主要内容,又是乡村振兴的基础内容,其主要以促进农村产业多样化、融合发展以及推进农村供给侧结构性改革为目的，确保农村经济平稳运转。但总的来说，我国农村农业的发展多是以小户型经营为中心的小生产模式，距离大规模、集约化农业发展尚有一定差距。然而就目前农村经济的发展趋势来看，为了适应现代化农业发展的需求，在农村生产实践中应积极将产业集约化发展放在重要位置，并采取相关措施推进乡村产业兴旺发展。农村地区拥有丰富的自然资源、社会资源、文化资源和历史资源，而当前的农村产业发展，就是要借助资源丰富的农村地区来引导市场，减少对农产品初级供给的需求，逐步实现产业集约化、链条化发展，以此保证农业产业的发展。最终实现农产品有效供给，扩大经营链，提高农产品产量。

（二）生态宜居

党的十九大报告以生态宜居为乡村振兴战略的主要内容，与新时期绿色发展理念相一致，体现了生态环境保护在经济高速发展的当下的重要性。总之，生态宜居注重的是在发展农业经济的过程中，不应当以牺牲当前自然生态环境为代价，而应当借助一切资源保护好当地自然环境，保护好赖以生存的绿水青山，为构建宜居宜业美丽乡村而努力。

首先，我国传统农业发展的方式所耗费的自然资源成本较高，传统的农业发展在生产经营上过于追求经济效益，通过对土地资源的过度利用，虽然在短时间内获得了客观的经济效益，但是对当地农村自身所造成的生态环境破坏却十分严重。同时，在农业生产过程中，化肥的过量使用以及当前农业生产者忽视对农田土壤的保护，使农业污染日趋严重。在工业化和城市化快速发展的当下，农业环境压力越来越大，"生态宜居"的乡村环境显得越来越稀缺。因此，在现有耕地破坏和水资源污染的双重制约下，重点转向构建绿色生态系统、转变当下不合时宜的生产模式十分适应绿色发展理念。因而，促进农村地区生态环境可持续发展，离不开绿色生态体系的构建与完善，同时，这也是乡村地区走向乡村振兴的重要一环。

其次，基于目前国情下，中国要实现生态宜居，则应注重农村地区的环境资源建设,不应当再以牺牲环境为代价来获取短暂的经济利益,保护绿水青山,吸引更多人下乡建设农村是当下的一大举措。当前,必须重点缓解城乡发展的不平衡问题,重塑农村景观文明,因此,必须大力改善农村的基础设施,在生态宜居的指导下,建设美丽农村,在此基础上,为农村经济发展带来更多的机遇。

(三)乡风文明

乡村文明注重在促进农村经济发展的同时,倡导农村传统道德的回归,采取相关措施振兴乡村精神文明建设,提升乡村全体建设者的精神文化素养。长期以来,我国城乡发展差距很大。当前,随着互联网的普遍运用,以及在资本运作和网络快速发展的影响下,农村道德建设更是面临严峻挑战。在过去的一段时间,社会不良思潮在农村地区有所抬头,大多数农村道德建设缺乏道德规范,出现了封建迷信、赌博等陈规陋习。这些问题的出现,暴露了农村道德建设的缺失,给传统的农村道德文明建设带来了重大挑战。要实现这一转变,必须从思想上转变当地居民的意识,注重在当地优秀传统文化以及当地深厚民族文化的基础上重构农村道德体系。乡村文明主要以农村传统文化为基础,注重加强对农村文化的保护。同时,也尤为注重完善农村基础设施建设,加强对农民的思想政治教育,提高农民文化素质。在思想上开展相关教育之后,在开展生产经营活动时,更能在科学思想指导下促进工业的繁荣,并稳固农村发展的厚重历史根基,保护与传承当地优秀的传统文化,促进农村文化以及文化产业的培育,以此高效率地改变农村社会主流价值观的扭曲情况,重塑农村道德结构,使广大农村群体能够在中国特色社会主义核心价值观的引领下有序开展农业生产活动。

(四)治理有效

自古以来,中国的政治治理体系中就有"皇权不下县"的传统,形成了古代乡村自治的模式,这一模式随着近代以来的社会变革而被打破,然而古代乡村自治中的法治、德治相统一的模式对于今天的乡村治理仍然有着积极意义。党的十九大报告所提出的乡村振兴战略中指出，要健全乡村的德治、法治和自治体系。这种综合治理体系是十分适合当前农村社会发展的。值得说明的是，当前所提及的乡村治理体系与原来的农村建设和民主管理有着本质区别，当前所提及的更加注重多元共治、多方共举。当前的农村基层管理存在着混乱情况，为了消除这种不良影响，需将"治理有效"贯穿乡村治理始末。

村民自治是现代化乡村治理的特色之一。村民自治的特点是在法制基础上，坚持以人为本的基本原则，规范乡民活动，通过组织法律知识讲座等活动，让农村人员逐步树立较为完善的法律观念、法治意识，促进村民懂法守法，也使其能够借助法律武器维护自身的正当权益。与此同时，加强基层思想道德建设，德治是现代化乡村治理中不可缺少的重要一环，中国农村是一个典型的熟人社会，通过加强村民道德培养，能够有效改善乡村风气、风貌，有利于实现乡村良性发展。最后，人才建设是乡村治理体系中的重中之重，无论是农村法治，还是农村德治和自治均离不开相应的人才，要积极通过政策的推广，鼓励更多技术型、创新型人才扎根农村，促进农业和农业队伍的发展，加强乡村道德体系建设，使乡村治理有效，实现乡村文明。

（五）生活富裕

生活富裕就是通过保障农民收入来提高农民生活水平。乡村振兴战略的真正实现以农民为主体，并通过农业产业融合发展，进一步拓宽农民就业路径，增加就业机会。同时，支持农民工返乡创业，保障农民基本收入来源，缓解城乡差距，推动城乡社区共享现代化发展成果。当下，全面实施农村推进战略，是实现农业村庄现代化的必然要求，也是确保农民生活水平全面提升的关键举措。因此，实施乡村振兴战略，不仅要体现在现代农业产业生产中，更应当将绿色发展理念贯穿建设始末，既能够满足人们对美好生活的需求，增加农民的收入，促进城乡一体化发展，又能够发展农村相关产业，进一步缩小城乡差距。唯有如此，才能在产业兴旺发达的同时，促进农村地区脱贫致富，促进农民物质、文化双丰收，让农村成为安居乐业的美好家园。

二、关于乡村振兴战略的内涵阐释

（一）中国要强，农业必须强

农业是国民经济发展的基础产业，是国民经济的基础，中国要实现大的跨越以及走向富强，农业必须要强。其原因不仅在于农业在国民经济中的基础地位，还在于农业发展与我国的粮食安全问题休戚相关。作为农业产业的重要产品，粮食的产量和种类的丰富性直接关系到我国14亿人口的饮食问题，从这个意义来看，农村农业发展显得尤为重要。具体到农业领域，食品安全是我国国民经济稳定发展的重要因素。纵观我国的历史，不同历史时期，我国的食品安全的外在表现也有所区别。首先，当前，我国食品安全的外在表现主要为增加食品产量，通过一系列的政策实施以及技术的支持，粮食产量不断增加，并呈现持续增长的状态。其次，随着中国特色社会主义进入新时代，我国粮食安全问题逐步从农业生产产量向农业生产质量转变。这种变化的必然性主要体现在两个方面：一方面，随着农业生产力的逐步提高，粮食生产量的日益丰富，国民温饱问题得以解决；另一方面，人们在物质文化需求得到满足后，开始要求更美好的生活，更加注重食品质量等问题。但是当前环境下，我国农业生产模式还远未达到集约化、规模化，农业科技水平含量较低，农业供给质量较差，供需还存在一定程度上的差异。因此，面对新的粮食安全威胁，需要以农村改革为前提，以农业科技创新为动力，走农业现代化道路，充分利用农业的基础性地位，为实现国家富强助力。

（二）中国要美，农村必须美

在我国，农村人口占全国人口的绝大部分，农村土地约占全国土地面积的1/6，因此农村的发展情况直接决定着国家的发展水平。纵观农村农业发展历程，由于长期的农业支持工业发展，逐步加大了城乡发展差距，一边是繁荣的城市，一边是破碎的村庄。城乡差距不仅是物质方面的，更是精神方面的。中国需要美丽的农村，因此，提高农村发展水平，全方位地提升农村发展面貌，对实现城乡一体化发展具有重要意义，对当今中国经济的整体发展也具有重要意义。

改变农村面貌，致力于美丽乡村建设。所谓美丽乡村，理应包括两方面的含义，既有外在环境的美，也有内在精神的美。建设美丽乡村应当注重优化农村生态环境，在以往的农村农业发展进程中，工业特别是重工业的发展一度成为当地生态环境的"杀手"，改革开放后，随着科技的发展，利用科学技术来治理污染，但长期以来边污染边治理的方式并不能从根本上改变破坏了的生态环境。

因此，延长农业产业链条，发展生态农业，不仅可以解决困扰农村农业污染治理的资金问题，还可以实现循环利用，减少污染物排放。进一步打造美丽乡村成为更多地区探索的新路。

（三）中国要富，农民必须富

农村人口占全国总人口的绝大多数，已经成为我国国民关注的重要问题。在全面小康建设的攻坚时期，"小康不小康关键看老乡"，这里所说的"老乡"就是贫困人口。为帮助"老乡"脱贫，我国还制订了专门的方案，要打好精准脱贫的三大攻坚战。党的十九大报告也指出：确保到2020年，我国现行标准下农村贫困人口实现脱贫，确保贫困县全部"摘帽"，做到脱真贫、真脱贫，补齐农村这块全面建成小康社会的最大"短板"。

第三节 乡村振兴战略的总体要求

一、乡村振兴战略总体要求内容阐释

乡村振兴战略的20字发展方针，既是习近平同志对乡村振兴战略的总体要求，也是乡村振兴战略的精髓所在。

乡村振兴战略在党的十九大报告中提出之后，就成为我国现代经济体系建设中的重要内容之一。作为推动乡村发展的重要驱动力，

产业发展是乡村振兴战略中最基础的任务，同时也是最关键的任务之一。当前阶段，我国农村产业发展滞后，这一状况既显示出农村中农业问题的短板，也显示出农业后期发展的巨大潜力。乡村振兴战略作为当下推进农业现代化进程的关键所在，需要借助农业供给侧结构性改革，优化农业结构，提高农产品质量，切实实现农业产业崛起。此外，将农村第一、第二、第三产业深度融合，不仅能够有效促进产业链的延伸，而且能够进一步促进经济的发展，是帮助农民促进就业、增加农民收入、维护农村稳定的有力措施。因此，将产业发展作为乡村振兴战略的重点有其现实意义，乡村振兴战略的实施应以农业产业的发展为切入点，直趋深层。

一是产业兴旺是乡村振兴的基础。提到产业兴旺，有乡村生活经验的人自然会联想到过春节时家家户户喜欢张贴的两个条幅："五谷丰登""六畜兴旺"，反映的正是乡村生产内容的丰富性和多样性。乡村的生产类型是丰富和多元的，有多样化的种植业、养殖业；有丰富多彩的乡村手工业；有大田的农业生产，还有房前屋后种瓜种豆的庭院经济；更有现代社会发展形成的乡村休闲度假等新型产业。乡村产业的经营主体也是多元的，有以农户为主体的产业类型，也有以合作社、农业企业、外来资本为主体的产业。从农民自身需求出发，促进多种生产经营活动一并推进，是农村产业繁荣的重要特征。

二是生态宜居是乡村振兴战略的关键。推进生态宜居的乡村发展是一个长期且持续的过程，并不能一蹴而就。生态文明建设作为支持现代化建设的重要组成部分，对农业农村经济发展有重要影响。乡村振兴战略中生态宜居的需求是在长期生态文明建设工作的基础上所提出的新标准，生态代表着自然环境和社会环境的发展。在农村，良好的生态环境才能为产业的发展提供建设的基础，才能为农民群体提供更加宜居的生存环境，也能为文化等产业的开展提供自然资源等发展基础。

三是乡风文明是乡村振兴战略的保障。乡风代表乡村的特质，旨在推进乡村精神文明建设，同时，我国农村地区传统文化很大程度上是乡土文化，需要社会各界共同努力来唤醒起文明乡风。具体做法可以采取相关措施保护优秀的村风，既包括所在村落的物质文明，也包括非物质文明，而优良的村风不仅表现了村民的精神状态，更代表了独特的乡村风貌。除此之外，还应当通过社会主义文化建设，弘扬现代主流思想和良好精神品质，积极投身乡村振兴战略建设工作。

四是治理有效是乡村振兴战略的基础。首先，任何社会都需要法律法规和道德规范，城乡差距的具体表现之一体现在乡村地区的治理情况相对落后，要实现乡村全面振兴离不开治理水平的提升。其次，乡村治理还应当注重效果，要注重政策方针的贯彻与落实。此外，农民是农村的主体，还应当注重乡村自治，而乡村自治的过程同样也是协商的过程，在协商过程中应当注重公平、公正原则。因此，乡村治理的目标是将乡村法治、乡村德治、乡村自治统一结合，从而形成"村村有村规，人人讲规矩"的乡村善治体系。只有这样才能实现乡村生活富裕这一乡村振兴的根本目标。

综上所述，乡村振兴战略的五大要求是涵盖了乡村政治建设、乡村经济建设、乡村文化建设、乡村生态社会建设的有机整体，这五大要求贯穿了乡村振兴战略的始终，描绘出了乡村全面振兴之后的美丽图景，是整个乡村振兴战略的核心所在。

二、乡村振兴战略五大要求间的相互关系

我国的农业问题、农村问题和农民问题三者之间并不是个体、孤立的存在，而是互相联系的整体。要解决这些问题，需坚定三者协调、相互发展、共同进步的立场。因此，当前的乡村振兴战略发展目标，应立足于全面推进农村发展，其五大要求紧密相连，乡村振兴战略的任一要求都与其他要求相互关联、相互影响。

首先，产业兴旺是乡村振兴建设中最重要的目标之一，其成功实现与农业供给侧结构性改革息息相关。在乡村建设中，只有坚持绿色农业、生态农业，保证农业的可持续发展，才能合理配置土地资源，改善农村生态环境，从而实现农村产业的多元化发展，推动农村生态建设。在此基础之上，人民群众精神需求也会日益增加，进一步推进精神文明建设，构建文明乡风，从而实现农村物质文明建设和农村精神文明建设共同进步，为农村实现生活富裕奠定基础。

其次，生态宜居是乡村振兴建设20字方针中的重要内容，其成功实现离不开乡村居住环境的改善。农村环境保护和农村资源开发二者一而二，二而一，两者均应当受到相关部门的高度关注，特别是在自然资源占主导地位的地区，更应当注重自然资源的合理开发，将农村良好的资源优势转化为农村建设的发展优势。良好的农村生态环境是发展生态农业的前提，同时也是发展乡村旅游资源的重要形式。例如，"十三五"规划以来，广西梧州市长洲区通过实施"旅游旺区"战略，大力发展西江泗洲岛生态旅游、桂江旅游、323省道生态乡村旅游和农家乐精品游等特色旅游，在乡村旅游产业迅速发展的同时走出一条特色的乡村旅游扶贫之路。长洲区对泗洲村进行科学规划，设计"岛中湖""岛中岛"，科学布局村庄办公区、村口花园、休闲活动公园、洲头休闲体验区、蔬菜体验区与渔牧体验区，把泗洲村打造成集休闲、娱乐、旅游于一体的美丽生态乡村，吸引众多游客前来观光体验。近年来，长洲区整合各方资源，加大对泗洲村乡村旅游产业的打造力度，2016年泗洲村被评为自治区乡村建设活动示范村，2017年泗洲村获得广西四星级乡村旅游区称号，2019年泗洲村将继续申报广西五星级乡村旅游区，并大力开发特色小镇、水上文化、特色民宿等项目。与此同时，当地也十分注重生态文明建设，借助生态文明建设在促进农村产业发展的同时也有效保护当地的生活环境，实现了生活富裕。因此，生态宜居不仅是乡村发展的外部推动力量，更对乡村振兴有着重要意义。

总之，乡村振兴五大要求涉及乡村政治、经济、文化、社会及生态环境的方方面面，对整体乡村的转型升级有重要影响，因此，在实施乡村振兴战略过程中要正确处理好五大要求的相互关系，共同致力于乡村全面振兴。

三、乡村振兴战略总体要求与乡村旅游扶贫的关系

党的十九大报告提出了"实施乡村振兴战略"的新发展理念，不仅切中了农村发展的重点，而且指明了未来乡村发展的大方向。乡村振兴战略的提出和实施，为乡村旅游的发展提供了新的机遇。"乡村旅游+乡村扶贫"是指在具有一定旅游资源、区位优势和市场基

础的贫困地区，通过开发旅游来带动当地经济发展，为其提供可持续的经济动力。

旅游业是朝阳产业，是乡村扶贫的重要支柱，是建设美丽中国的坚强后盾。到2020年，我国政府计划通过发展旅游使占总人口17%的1200万人摆脱贫困。旅游业，特别是乡村旅游业，是贫困地区切实增加农民收入最现实、最直接、最有效、最可持续的支柱产业。通过乡村旅游实现乡村扶贫，对于打赢扶贫攻坚战具有非常重要的作用。

旅游扶贫作为一种重点通过旅游项目的开发促进贫困地区生产、促进经济增长、帮助贫困居民快速致富的产业发展方式，可以借助当地资源有效配置市场资源，节约成本，对当地生态环境也不会造成损害。故而，乡村旅游扶贫能够大大提升当地经济发展水平，在最大程度上协调区域发展。

（一）乡村旅游对产业、生态、乡风、治理和生活的贡献更大

"产业兴旺、生态宜居、乡风文明、治理有效、生活富裕"的五大要求部署，要求乡村旅游在产业、生态、乡风、治理以及生活方面有更大作为及更大贡献。产业兴旺是根本基础，发展当地农村休闲旅游产业、丰富乡村旅游产品、做大做强乡村观光旅游业及休闲业对当地经济发展及农村生活改善有重要影响，因而要大力发展乡村旅游经济，吸引更多的资本、技术及人才到农村中去。在此基础上，保护当地生态环境，注重开发及保护并举，重点保护当地农村自然资源及文化生态系统，发展经济的同时做好乡村治理及乡村生态保护等各项工作。

（二）根据调查、分析和综合确定乡村旅游经济发展定位及发展目标

乡村想要借助旅游项目的开展实现乡村脱贫，首先就应当注重做好发展定位工作，包括功能定位、发展方向、市场定位、目标客源定位等。通过发展项目的定位来将农业旅游与乡村发展结合起来，通过对当地民风、民俗的调查及分析，进一步确定其旅游扶贫的重点，

之后,在政策的引导下鼓励更多农民群体返乡创业,充分利用当地资源确定当地发展方向,提升乡村扶贫效果。

(三)突出乡村旅游特色与主题策划

特色是旅游休闲农业产品的核心竞争力,主题是旅游休闲农业产品的核心吸引力。要认真依托当地自然资源的开发情况,进一步分析周边地区的观光农业项目特点,借助不同的农业生产及农村文化资源营造旅游特色;要充分利用乡村地区丰富的历史底蕴、悠久的文化传统,以及地域性、景观性、生态性、知识性、文化性和传统性等。此外,要根据项目特色,积极进行更具创新意义的主题策划。在此基础上,根据乡村振兴的五项要求进一步完善乡村旅游扶贫策略,创作出富有创意、生动的乡村旅游项目,借助更有意义的主题策划宣传当地文化及做好传承工作。

按照产业兴旺、生态宜居、乡风文明、治理有效、生活富裕的总要求,建立健全城乡融合发展体制机制和政策体系,加快推进农业农村现代化。这一全新的战略部署对当今农村经济的发展以及生态的保护等各项工作开展具有重要意义。具体到实施过程中,更应当基于战略性的顶层设计,开展系列实践,促进农村转型、农民致富。新的历史背景下,如何借助乡村旅游扶贫推进乡村振兴,值得相关研究人员进一步思考。同时,也更应当发挥出旅游业对乡村的促进作用,发挥出乡村振兴战略的应有作用。

第二章 乡村旅游扶贫基础理论

第一节 乡村旅游扶贫的概念解读

一、贫困及旅游扶贫的概念

诺贝尔经济学奖得主阿马蒂亚·森曾说：贫困的真正含义是贫困人口创造收入的能力和机会的缺乏；贫困意味着其缺少获取和享有正常生活的能力。所以，贫困不是数量上的绝对贫困，扶贫也不只是减少贫困人口数量，而且应当通过相关措施提升贫困人口自给自足和正常生活的能力，并通过教育或是技能培训等来提升贫困人口的文化素质，通过医疗政策等保障贫困人口看得起病，最大限度地避免因病致贫、因病返贫等情况，通过住房补贴以及必要的社会保障政策的实施来缓解生活上的困境，让贫困人口能够体面地生活。之后，再借助发展相关产业带动更多的人创业、就业，使其获得生存技能，在逐步摆脱物质贫困的同时，也能够真正摆脱心理上的贫困，使其能够在生活中以更加积极的态度开展实践活动。最终，实现从心理到社会、政治、经济、文化等的全面扶贫。

在长期扶贫工作开展过程中，国家寻求了多种有效的扶贫方案。其中，旅游业在扶贫方面有着更强的针对性和高效性。随着我国经济社会的发展，居民生活水平的提升，旅游市场规模的不断扩大，旅游成为许多家庭的生活常态。在旅游地区挖掘层面，处在贫困地区的农村却有着极为丰厚的自然资源以及极具特色的文化环境，依托当地地理特性及文化特性，为当地文化产业的发展奠定了基础条件，同时，为当地进一步开展"旅游扶贫"项目提供了重要条件。因此，乡村旅游已成为国家扶贫战略的重要力量，旅游扶贫的概念也随之提出。

经过多年的实践和研究，学术界对旅游扶贫的定义已有比较多的论述。1999年4月，英国国际发展局在可持续发展委员会的报告中提出了PPT（Pro-poor Tourism）的概念。强调旅游扶贫不应只关注"物质贫困"，更应当重视贫困人口的"观念贫困"。也就是说，通过综合开发利用贫困地区的独特旅游资源，建立旅游经济实体，把旅游业发展成为区域支柱产业，实现贫困地区居民和地方财政的双重脱贫致富。

旅游扶贫是一种特殊的贫困援助形式。贫困地区由于在主体条件、基础设施、人力资源、融资能力等因素上难以实现自我激活，难以主动开展创新创业，仅靠自身力量难以盘活当地丰富的资源开展经济活动，因此，需要借助外部力量来推动当地经济发展。现代旅游业是一项集基础设施投资建设、配套服务体系建设等于一体的系统工程，依靠贫困地区村民自身的力量很难使贫困村得到有效、科学的发展。为此，旅游扶贫，特别是乡村旅游扶贫的重要性得以凸显，以政府、民间组织、企业等资金和技术为重点，可以最高效率地开发当地旅游资源，另外，通过贫困地区产业的转型与升级进一步实现贫困地区的长效发展。

旅游扶贫在扶贫属性上具有较为明显的特征。旅游扶贫不同于传统意义上的旅游发展，也与传统形式的扶贫行动有所区别，旅游扶贫的目的不仅在于提高当地贫困人口的经济回报率，而且在于从根本上提升当地贫困人口的生活质量和水平，并最大限度实现当地旅游业的可持续发展以及旅游资源的永续利用。因此，在实际旅游扶贫过程中，要结合贫困地区的实际情况，使政府、职能部门和开发公司做好分工、协助工作，最大限度地实现旅游扶贫的目的，提高扶贫成功率。

二、乡村旅游扶贫及价值诉求

乡村旅游扶贫依托乡村旅游资源，通过发展乡村旅游业，发挥乡村自身"造血功能"。同时，乡村旅游要强调扶贫的重要性，发展乡村旅游只是促进当地经济发展的一种方式，最终的目的是实现当地脱贫，并能够做好资源开发与生态保护等各项工作，实现当地旅游经济的可持续发展，为当地民众提供致富之路。

乡村旅游扶贫是一种涉及多个利益群体的扶贫模式，其扶贫效果受到多个利益群体的制约和影响。一般来说，乡村旅游扶贫的利益群体包含四个方面的人群，即社区居民、旅游者、旅游公司和地方政府。这四个利益群体相互影响、相互作用，各自立场既有相同之处又有不同之处，因此其利益诉求和价值诉求呈现出同中有异的特点，在实际乡村旅游扶贫工作中，只有合理调整四者的利益诉求，使其达到和谐统一，才能最终实现旅游精准扶贫的可持续发展。

（一）社区居民的价值诉求

社区贫困居民是农村旅游精准扶贫的最核心受益主体和最终受益者，所有与旅游扶贫相关的活动都必须在农村旅游区开展，所以首先应当满足当地社区居民的价值诉求。社区居民利益诉求主要体现在对经济价值的诉求上，希望通过乡村旅游带来更多的经济收入，脱离贫困状况并持续提高生活质量。同时，社区居民也希望通过乡村旅游促进就业，在大力发展经济的同时维护好当地自然文化环境，并做好当地文化的传承工作。但需要注意的是，在实际旅游产业发展过程中，不同的居民对旅游扶贫的态度和对自身利益的诉求存在差异，特别是居民参与情况会直接影响利益的分配。因此，在扶贫过程中，需要因地制宜地依据不同贫困人口做好旅游扶贫工作，满足不同贫困人口的需求并积极进行必要的扶贫，这样才能真正达到"真扶贫""扶真贫"的精准扶贫效果。

（二）旅游者的价值诉求

旅游者即游客，在乡村旅游产业开展与创新过程中，作为乡村旅游产品的消费者，旅游者的价值诉求不能忽视。乡村旅游产品的开发需要获得旅游者的肯定与认可，在此基础上才能够设计出更加吸引游客的旅游方案及模式，获得更多的开发收入。因此，在乡村旅游精准扶贫开发过程中，必须获得旅游者价值诉求的优先权。而根据分析可知，旅游者乡村旅游的诉求表明，他们希望体验更真实、更有特色的乡村旅游，所以作为乡村扶贫项目人员，更应当将旅游者的诉求考虑在内，进一步为游客提供优质的旅游服务和优美的乡村环境。同时，为了提升贫困地区旅游项目竞争性，还应当看到目前的乡村旅游发展千篇一律，应充分运用当地特色创新形式，让更多的旅游者爱上旅游地，提升游客对当地的体验感。

（三）旅游公司的价值诉求

旅游公司是乡村旅游扶贫的主体，在旅游扶贫过程中发挥着关键作用，当前，主要分为三种模式。第一种是外来企业投资，第二类是由农村居民集体投资经营的旅游企业，第三种是由农村居民经营的小型家族式旅游企业。三种不同类型的旅游企业有不同的目标定位和旅游评价，但它们都希望通过参与旅游活动获得最大的利润。

（四）地方政府的价值诉求

地方政府在乡村旅游扶贫中承担着引导者和协调者的角色。地方政府的政策引导并不是盲目的，而是建立在当地居民的需求以及游客的需求之上的。此外，作为乡村旅游扶贫的利益主体之一，地方政府有着促进社会综合发展、维护社会稳定、引导民众舆论以及提高政府政绩等利益诉求。而且乡村旅游开发并不是一个地方、一个部门的事情，而是涉及农业、林业、国土、金融等多个部门，涉及乡村、县、市、省、国家多级政府机构的综合事件，这些不同的层级和机构的价值诉求也存在着一定的差异性。因而，更应当注重不同价值诉求的协调工作。在乡村旅游精准扶贫开发过程中，应正视这些利益和价值诉求的差异性，推进旅游扶贫工作的开展。

◎基于乡村振兴背景下乡村旅游扶贫研究

三、乡村旅游与旅游扶贫的关系

世界经济合作与发展组织的观点是，乡村旅游扶贫应当依托原生态乡村的环境、原汁原味的乡村文化来开展相关的旅游活动，借助农村当地浓郁乡情、乡村风情来吸引游客的关注及消费。乡村旅游扶贫主要通过农村当地良好的自然资源、人文景观和地域风情等发展当地旅游经济，在乡村振兴战略支撑下，将生态资源开发与生态环境保护工作一同推进。通过大力发展乡村旅游，将贫困地区乡村经济的资源盘活，将项目资金引入农村发展中，再借助旅游从业人才的引入，进一步寻求适合当地的扶贫模式，改善经济结构，培育支柱产业。乡村振兴战略背景下，乡村旅游扶贫是扶贫工作中最重要的扶贫形式之一，也是最符合当下国情的扶贫模式之一，借助发展贫困农村经济、社会、文化等多种形式进行旅游扶贫，有效促进贫困地区全方位发展，确保经济、社会及文化繁荣发展。

农村地区是我国存在贫困问题的主要地区，而综观大部分的农村地区可以发现，许多旅游资源丰富的地区往往是贫困人口集中的地区，这就进一步为旅游业发展与扶贫相联系提供了基础。从供给和需求的角度看，乡村旅游的发展具有积极的作用，合理开发贫困地区农村优秀旅游资源来发展乡村旅游，能有效拓宽农民增收致富途径，鼓励贫困户创业、就业，在政策、技术的帮助及引领下找寻下一步发展出路，减少"空心村"现象。农村旅游精准扶贫是一个不断演变的动态过程，在不同的发展阶段存在着不同的矛盾，因此，不同利益主体更应当从自身利益的行为出发，采取不同的方式促进自身利益的实现。在促进农村旅游精准扶贫过程中，统筹兼顾，确保资源开发以及环境保护工作做到位，实现贫困地区旅游扶贫的可持续健康发展，实现整体利益最大化。

所以，乡村旅游可以在扶贫开发中发挥重要的战略作用。乡村旅游与旅游扶贫工作密切相关。乡村旅游繁荣了农村经济，对村民脱贫致富具有经济价值，同时，也是展示新农村的最有效途径。旅游在消除我国农村贫困方面具有重要作用，从农村发展实践的情况看，旅游业发展是农村经济的良好支撑，旅游收入是增加贫困人口收入的新途径。发展农村旅游扶贫,是实现当地脱贫致富的新途径。

第二节 乡村旅游扶贫的内涵、意义及影响

一、乡村旅游扶贫的内涵及原则

乡村旅游扶贫的实质是发展乡村旅游业,通过旅游产业带动贫困地区其他产业也最大程度上实现脱贫致富的目标。乡村旅游扶贫实质上利用贫困地区或是农村特有的自然、人文和社会资源,吸引政府和经济发达地区的资金助力贫困地区产业发展,为贫困地区创造更多的工作机会,增加当地旅游收入,促进农村旅游业的发展。旅游业的发展也会助力贫困地区其他产业经济的发展,进一步实现贫困人口的经济、社会和文化的均衡发展。

(一)乡村旅游扶贫的内涵

乡村旅游扶贫具有十分丰富的内涵,不仅强调国家扶贫的使命感,同时也注重乡村旅游发展的科学性。

首先,乡村旅游扶贫工作具有一定的使命感和责任感。其中的使命感及责任感主要体现在旅游从业人员以及相关旅游管理人员都应当承担社会责任,带动贫困居民脱贫,充分承担起自身的社会责任。具体实施过程中,可以通过智力援助,也可以通过投资、合作、租赁等方式参与当地乡村旅游的发展。

其次,乡村旅游开发要强调科学性。乡村旅游资源的价值评估、产品体系、市场选择与营销、商业规划与保障体系等都必须科学规划与设计,要将因地制宜贯彻于实际乡村旅游开发过程中,强调农村群体在乡村旅游开发中的主体地位。同时,在帮扶过程中要实现农民主体思想上的转变,过去,扶贫主要是以政府为主体,采取直接投入现金的扶贫模式,并没有注重农民在乡村旅游开发过程中主体地位的提高。因而,在当前背景下,要转变思路,给予贫困地区人民更多机遇,激发其自身驱动力,使其投身于旅游经济发展过程中。

最后，我们需要一系列的支持政策。乡村旅游是国家的一项重要战略工程，应当从国家层面一直到乡级单位都制定一以贯之的政策方针。比如，山东省政府设立了每年2亿元、连续三年的乡村旅游专项资金，为全省的乡村旅游计划、示范工程、"两化"补助、经营者培训等提供有力支撑，效果良好。2016年，山东省共有3100个村，建成旅游强镇458个、旅游特色村907个，乡村旅游户达到6.4万人，提供了31.5万个工作岗位。

总之，乡村旅游扶贫是一项能使农民脱贫致富的民心工程。

（二）乡村旅游扶贫的原则

旅游扶贫主要是指在欠发达地区利用各种外部力量，支持当地旅游产业的发展，通过旅游业间的关联带动，实现群众脱贫致富的旅游发展方式。在当前乡村旅游扶贫工作开展过程中，应遵循以下原则：

1.因地制宜原则

第一，要根据当地旅游资源和基础设施发展的条件，寻找个性化、可实施性强的扶贫方式。第二，要突出地方特色，不盲目跟风，充分发挥出地方经济发展对旅游扶贫的促进作用，提高当地居民生活水平，改善生态环境，优化旅游社区结构。

2.贫困人口参与原则

旅游扶贫开发强调通过发展旅游项目为贫困人口提供机会。一是在旅游扶贫过程中，优先培养并肯定贫困人口自我发展能力，增加贫困人口参与程度，保障贫困人口基本需求。在这方面，政府和非政府组织的作用不容忽视。二是强调多方面的旅游扶贫开发，其目标已经从单纯的经济收入增长扩展到一系列生活水平（包括经济、社会和环境）的提高，应当逐步实现旅游发展产业化、规模化。

3.均衡发展原则

旅游业综合性强、关联度高且具有完善的产业链，因此将旅游扶贫与现有的多种旅游系统和其他行业相关联至关重要。与旅游产业相关的附加产品和部门，如运输和市场，应当积极支持旅游扶贫开发,注重产业链各环节的宏观、微观等多样化活动共同协调发展,充分发挥集聚效应,创造更大的经济效益及社会效益。

4.可持续发展原则

扶贫是一项长期的系统建设过程,实现旅游业可持续发展是当地居民脱贫致富的根本保障。因此,在旅游资源开发利用中,必须做到适度开发与资源保护相统一,短期效益与长期效益相统一,增强旅游业可持续发展能力,避免规模过度扩张,追求可持续发展。

二、乡村旅游扶贫的战略意义

乡村旅游扶贫是促进农村发展的重要手段之一,对贫困地区经济的发展以及产业的带动有着十分重要的作用。

(一)旅游发展的规律与特点

多年来,旅游业的发展形成了四个转化效应,即旅游可以将无效的材料转化为有效的资源、将有效的资源转化为高价值的附属产品、将旅游产品转化为市场的有效需求、将需求转化为社会各方面的经营效益,许多资源在其他行业可能没有用处,但在旅游过程中可以成为重要的资源,助力乡村脱贫致富。

(二)旅游发展实现了四个层次的交流

第一,实现了国际间的交流,这种交流改变了国际间的财富分配比重。国外游客带来一定程度的消费,可以直接体现在旅游外汇收入上,现在一个国家旅游外汇收入的变化就是其国际财富分配比例的变化。

第二,将自然资源分布到各个产业,可以有效实现产业间的交流,形成产业间的相互渗透与联动关系,突出旅游产业的综合性特征。在社会经济体系中,旅游业所涉及的领域极为广泛,包括居住、食品采购、娱乐等多个要素,同时涉及100多个行业,这使旅游将各个行业联系起来,加大了乡村旅游产业的辐射力度。

第三,有效推进了城乡交流,城乡交流的过程实际上又完成了国民收入的再分配。在这一过程中,扶贫的主要功能是把城里人的钱放进农民的口袋。在当前阶段应当解决的问题便是如何将工作做到位，要充分利用投资商以及消费者的资金来实现乡村旅游业的长足发展。

第四，实现区域间交流。这是各地财政收入的再分配过程，主要是资金和资源的再交换。

这四个交流是在各个领域进行的，而且是跨地区、跨行业进行的，对乡村旅游扶贫具有重要的作用。

（三）旅游扶贫在各个方面均起到了多功能全方位的推动作用

在旅游扶贫发展过程中，旅游产业的发展对当地贫困地区经济的发展起到了重要的带动作用，在此基础上也带动了与之相关行业经济的发展。

第一，由于贫困农村不涉及城镇化，特色旅游资源相对集中且保护完好，发展乡村旅游将有助于发挥生态优势，突出资源价值，摆脱地方贫困，带领更多群众脱贫致富。贫困地区以发展乡村旅游业为重点，带动了餐饮、住宿、交通等其他产业的协同发展，形成了人流、物流、旅游等产业的互动关系。信息的流动和资金的流动激发了旅游业的乘数效应，相关产业的繁荣必然直接或间接促进更多就业途径的产生，直接促进工作岗位的增多，催生更多农副产品加工等方面的收入。

第二，发展乡村旅游可以促进旅游相关产业的发展。城镇居民到农村旅游时，旅游人数的增多也会带动当地农产品销量的增多，把商机带到当地人家门口，促进其他相关产业的发展，促进农村产业结构的优化升级。同时，能够有效延伸乡村旅游产业链，促进产业结构优化升级。农村旅游业得到了很大发展，贫困地区的自然环境得到了很好的保护，手工技艺等得到了深化，同时也培育了以农耕经验、农业等为主导的特色农业和旅游业。产业链和特色产品价值链的扩展有助于解决产业结构和产业化程度不一致等问题，有助于促进传统农业的转化和推广，促进了现代农业的产业化发展。

第三，发展乡村旅游有助于吸引大众就业、脱贫致富。乡村旅游商机无限，群众可以自己创业，也可以采取到旅游相关公司工作的方式，在家门口找一份满意的工作，实现脱贫致富。

第四，发展乡村旅游有利于优化农村人居环境，加快城乡统筹发展。发展乡村旅游可以使城市旅游者回归农村，城市居民的到来也可以促进农民环保意识的提升和传统陋习的根除，带来人们观念的更新和生活方式的改变，从而推进城乡一体化进程，促进城乡协调发展。乡村旅游的发展形成了人才、资金、信息、商机等的顺畅流动，为贫困地区了解城市文化和文明、更新观念打开了一扇窗。再加上政府机构和企业的智力和技术支持，提高了农村人口的综合素质和就业创业能力，有助于改善当地基础设施和改善村容，实现农村的有效治理，繁荣农村生活，有利于物质文明和精神文明的协调推进。

第五，发展乡村旅游，有利于打开农村封闭的大门，加快农村开放发展。随着旅游业的发展，贫困地区紧闭的山门被打开，一些传统的束缚被打破，汹涌的人流、物流刺激了当地居民的致富意识和自我发展的信心，使被动扶贫转变为主动扶贫，促进开放发展，激发发展内生力。

第六，发展乡村旅游可以带动旅游业的转型升级。随着我国经济发展进入新常态，农村经济也需要紧贴宏观经济背景，实现由传统粗放型农业向集约型农业、由传统要素驱动向创新驱动的转变。改革开放四十周年之际，在我国旅游发展的实践中，许多革命老区、少数民族地区和落后农村地区通过发展乡村旅游，实现了产业结构调整和经济发展转型升级，最终实现了脱贫致富。

三、乡村旅游扶贫的影响

（一）乡村旅游扶贫的社会经济影响

乡村旅游扶贫是关系到乡村政治、乡村文化、乡村经济、乡村环境等多个方面的综合性事件，其对于这些方面既有积极的正面影响，也有消极的负面影响。

从经济角度看，乡村旅游开发可以对当地产业结构产生直接影响，增加地方财政收入，增加农民就业机会等。当地农民通过多种方式参与到乡村旅游开发和建设中，可以实现农民增收。比如，在农村地区逐步兴起的民宿以及农家乐等，乡村旅游经济直接为这类农民带来可观收入，他们可通过为游客提供住宿、酒水、娱乐、购物等服务增加收入。世界旅游组织曾对旅游行业做过一个统计，该统计数据显示，当旅游收入增加1元时，其他相关行业的收入可增加4.3倍；当旅游行业增加1个就业岗位，可以带动其他行业增加5~7个就业岗位。因此，可以看出旅游业的开展与其他行业也紧密联系，所以在乡村旅游项目开展过程中，要大力完善基础设施建设，带动更多行业发展，为更多的当地居民提供收入，缓解就业问题，进一步推进脱贫致富。

发展乡村旅游可以促进农村产业结构的优化升级。乡村旅游不仅带动住宿业、餐饮业的发展，而且带动当地农副产品加工业、手工业、交通运输业的发展。许多城市居民喜欢乡村清新、安逸的环境，也对当地具有特色的手工艺品以及特产等十分感兴趣，在旅游过程中受当地极具特色产品的吸引，增加在当地的消费。除了品尝当地的特色小吃、观看手工制作外，众多到此地旅游的游客也会购买很多纪念品，部分纪念品用于自身收藏，部分纪念品用于馈赠亲朋好友。旅游业促进了当地农村商业贸易的发展，也传播了农村特有的文化，提高了土地利用率，使旅游业与当地更多的产业融合，延伸了农村产业链，提高了农村第二、第三产业的比重。发展乡村旅游，就是要实现农产品规模化生产，并积极引进高新技术，促进以农产品和深加工为主的乡村公司的发展，促进民间手工艺的再加工生产，直接推动贸易和交通的发展，同时，也有助于当地农村文化的传播与发扬。

发展乡村旅游将有助于完善当地农村基础设施建设。为了更好地发展乡村旅游，提升游客的体验感，首先应当改善各种交通设施，增加基础设施投资，提高整体接待能力，满足日益增长的游客需求。与此同时，应建设垃圾处理站，走绿色发展之路，并增加绿化面积，美化环境，使农村经济发展与环境保护齐头并进，进一步促进当地经济的可持续发展。另外，基础设施的发展有利于乡村旅游的快速发展，而乡村旅游的发展反过来也加快了基础设施投资建设，二者相辅相成、相互促进。

发展乡村旅游有利于保护和传承当地的历史文化。随着经济的发展，城市与农村的互动越来越活跃，也逐渐越来越多，但是这种趋势使农村特有的乡土文化和自然风光逐渐失去原有的独特性，乡村在建设过程中呈现"千村一面"的情形，十分不利于当地特有文化的保护与传承。因而，为了促进农村旅游经济更好地发展，应当因地制宜，保留当地特有风貌，不应当迎合商业模式，大规模构建商业步行街等，而应当根据当地村庄特色适当开发，并保护好当地的历史风貌以及文化古迹，在带动乡村经济发展的同时，保护和传承乡村的历史文化和独特的风貌。

合理开发旅游资源有助于保护农村生态系统。乡村自然风光独特，同时乡村资源在我国分布极为广泛，因此，利用自然资源开发有价值的旅游项目既有助于当地经济发展，也有助于做好当地文化传承与发扬工作。需要注意的是，随着旅游规模的扩大，也带来了环境问题。在乡村旅游发展过程中，要时刻意识到生态资源的保护十分重要，要多方合作共同维护乡村自然环境，把保护生态环境与发展乡村旅游结合起来，做好文化资源保护工作。同时，面对乡村资源开发问题，要把握适当原则，根据当地实际情况有序开发，逐步加强自然以及文化资源的保护工作。

乡村旅游的发展对当地社会经济的发展有着持续的激励作用，但也有着负面的影响。随着乡村旅游的发展，旅游人数增加，垃圾增多、环境污染、非乡村文化渗透，使文化底蕴深厚的乡村文化氛围减弱，资源问题日益突出。而这些问题需要在发展乡村旅游的过程中充分重视并予以积极解决，只有合理开发与科学运用，才能实现乡村旅游经济的可持续发展。

（二）乡村旅游扶贫对文化环境的影响

乡村旅游地的社会文化环境应当是一个超稳定的结构系统。但是，随着大批外来游客的涌入，这样一种稳定的平衡状态逐渐瓦解，正负两方面的影响并存，并随着时间的推移而不断演变。如果负面影响太过严重，矛盾和冲突的爆发必然不可避免。此时，我们要做的便是通过优化管理，优化旅游地的社会环境，创造新的动态平衡，将旅游扶贫进程中所遇到问题的负面影响降至最低,将乡村旅游扶贫的效益发挥到极致。

1. 外部干预因素对乡村旅游地社会文化的影响

旅游者停留时间会对乡村旅游目的地产生社会文化层面的影响。如果游客在旅游目的地停留时间较短,其行为往往会表现出与平时不同的一面,激发当地居民的模仿意识,旅游目的地原有的传统生活方式和居民对当地文化的认同感就会相应改变。相反,如果游客在旅游目的地长期停留,不仅会与当地旅游从业者有商业联系,还会与农村居民有经常性的联系。一方面,游客可以体验到最朴素的旅游文化,另一方面,他们的异化行为较少,有利于当地居民正确认识外来文化,避免盲目模仿。

旅游类型也会对乡村旅游目的地产生社会文化层面的影响。旅游目的地接待的旅游者大致可分为五类:存在型旅游者、试验型旅游者、体验型旅游者、休闲型旅游者和娱乐型旅游者。由于旅游者的类型不同,当他们到达旅游目的地时,他们购买的旅游商品会不同,要求的服务标准也不同,这也会直接对旅游目的地的社会文化产生不同的影响。旅游者物质文化优越感也会影响当地居民的文化认同。乡村旅游目的地大多集中在农村地区,与城市相比,经济落后、物质水平低,当主客双方在旅游活动中相互接触时,就会出现物质文化差异。

2. 内部因素对乡村旅游地社会文化的影响

旅游地居民特征会对乡村旅游文化产生影响。旅游目的地对居民特征的界定包括以下两个方面:一方面是指居民接受外来文化的意识和能力;另一方面是指居民对旅游业的参与程度,包括对外来文化的参与程度。居民对外来文化的不同态度对旅游目的地的社会文化也会产生影响。为了衡量一个地区旅游资源的成功与否,必须考察该地区旅游业的发展是否在旅游社会文化方面是一个动态的发展过程,因为受时代、文化和价值观的影响,居民对外来文化的接受和排斥程度不同。

居民参与程度也会对旅游社会文化产生影响。在当地旅游业发展过程中，有的只是普通的服务员或店主，有的则是依靠商品进行旅游活动，此外，一些人还作为管理者或投资者参与当地旅游管理的决策和旅游收入的分配，这类群体对旅游业的发展保持乐观态度；但是与之相对，比如，由于乡村旅游业的发展，一部分人会失去赖以生存的土地，从而对旅游业的发展持消极的态度。

投资者、运营商和服务提供商，构成了旅游业的三个主要体系。其中，经营者在经营管理过程中作为"理性经济人"登场，单方面追求利益的倾向很明显。即使当地文化动态平衡被破坏，投资者和经理也常常无视，这种只追逐利益的行为必然不利于当地经济的可持续发展。农村旅游的发展带动了区域经济。为此，旅游地的政府机关积极地推出了一系列优惠政策。政府在地方经济发展中的定位直接关系到旅游地的社会、文化环境的优化。

首先，地方政府对旅游业的定位给当地社会文化带来影响，政府的旅游定位关系到区域经济发展的作用。基于旅游景区在整个经济发展中的地位和作用，可将旅游分为支柱产业、主要产业和一般产业，对于发展乡村旅游而言，定位非常重要，它决定政府对旅游开发的重视程度以及优惠政策的提供情况。如果政府过于依赖外部投资，并赋予外来投资者过多的权益，则会给当地社会文化带来一定的负面影响，最终会损害当地居民的利益。其次，旅游景点的空间发展模式对观光地的社会文化也会产生影响。旅游振兴活动关系到观光地的空间模式变化，如果旅游景点商业空间过大，则不能满足游客的心理需求。此外，在整个观光地总体空间有限的情况下，旅游地空间的扩大必然导致当地居民居住空间的缩小。

第三节 乡村旅游扶贫的理论基础

一、旅游系统理论

系统理论认为，系统是由相互依存、相互作用、相互转化的客观对象构成，具有一定目标和特定功能的整体。在系统各单元之间存在着物质流、能量流、信息流、人员流和资金流，通过要素的整体使整个系统具有统一的目标。系统理论广泛存在于人类社会生活的各个方面。具体而言，旅游系统是指旅游活动的各个要素直接参与、相互依存，并与旅游资源、旅游者和旅游媒体（旅游线路）三个要素相联系的开放的有机整体。

（一）旅游系统理论为乡村旅游扶贫规划和方案制定提供理论指导

旅游系统理论系统阐明了旅游产品、旅游服务、旅游信息、交通和营销在旅游系统中的地位和作用。乡村旅游与扶贫开发关系到旅游系统各个层次的合作与交流，计划的实施必须考虑到各节点在旅游系统扶贫中的地位和作用。

（二）旅游系统理论可以促进乡村旅游扶贫协调发展

旅游系统理论可以为乡村旅游扶贫各部分之间协调发展提供依据，同时加强旅游系统各个环节之间的相互关联，实现政府、旅游企业、旅游者、旅游目的地居民、交通部门等社会主体之间的高效协同与联动，促使旅游系统高效、科学运行，进一步充分发挥出旅游业在扶贫工作中的关键性作用，从而达到通过发展旅游带动社会经济发展，进而实现扶贫的目的。

二、产业链理论

产业链理论从整个产业链的角度出发，不仅考虑了产业链的某一部分问题，而且站在全局角度考虑了各个节点的问题。在一些地区，旅游的帮扶效果不明显，主要原因是单纯靠观光项目来发展旅游，没能从观光产业链的角度进行全面规划，没有设置科学、全面的乡村振兴整体目标。在实际业务开展过程中，旅游业不仅应当实现扶贫目标，还应当运用其本身较强的价值创造能力，借助产业链的延伸与拓展，带动当地居民实现脱贫致富。因此，我们需要充分认识产业链理论在农村旅游扶贫管理中的运用。

(一)旅游产业链的概念和特征

产业链起源于产业经济学,是指各个产业部门之间或产业的各个环节基于一定的因果联系,并依据特定的逻辑关系和时空布局关系客观形成的链条式或网状式的关联关系形态。具体到旅游产业,其具有综合性的特点,涉及行业和部门较多,关联作用强。旅游业是一个广泛而复杂的产业,而旅游产业链在旅游扶贫中的作用十分重要。旅游产业链作为一个新兴的产业经济研究领域备受关注,根据产业链的基本特征,结合旅游业的综合特征,可以对旅游产业链进行界定。旅游产业链是指以满足旅游者需求为共同目标,包括以旅游主体(旅游目的地或旅游景点)为核心的产品设计、生产、销售和旅游网络链结构。旅游产业链不同于一般产业链,有其自身的特性:

第一,一般产业链研究的是"物流",而旅游产业链研究的是"人流",即由游客的流动所引发的一系列经济关系和现象,主要目的是满足旅游者的需求。

第二,旅游产业链比一般的制造业产业链更为复杂。其复杂性表现在多个方面:旅游产业链提供的旅游产品来源广泛、品种繁多;旅游产业链中的供应商属于多个行业,每个行业都有自己独立的管理特点,直接导致旅游产品质量难以控制;与此同时,旅游产业链中的企业、核心企业和供应商难以控制。旅游产业链中存在着复杂的委托代理关系。

第三,旅游产业链管理的核心理念是资源整合、整体运作、强强联合。与传统的"上下游结构"不同,旅游产业链管理是一种"平行结构"的管理理念,更加注重各个产业横向间的互动与交流。有学者甚至认为,旅游产业链更像一个"网络"结构,旅游企业不仅要在自身领域提供专业服务,培育核心竞争力,还要整合内外部资源,通过与优秀企业的强强联合,提高产业链的整体效率。

(二)产业链理论在乡村旅游扶贫中的应用

从以上对旅游产业链特征的分析可以看出,只有充分理解和应用产业链理论,才能更好地发挥旅游业各部门在扶贫中的作用与价值。旅游产业链与乡村旅游扶贫开发有着天然的联系,然而国内外关于旅游产业链管理在乡村旅游扶贫开发中的应用研究还很少。在理论界和企业界,越来越多的专家、学者和旅游企业管理者认为,整合产业链、细化产业链、明确产业链分工以及提升环节附加值是提高旅游企业综合竞争力的有效途径。就产业链的适应性而言,旅游产业链不能有效实现区域资本的运用与整合,这也是旅游扶贫战略成效不突出的原因之一。

在农村旅游扶贫实践中,邮政、通信、金融、交通、住宿、餐饮、风景名胜区、文化娱乐企业、购物等相关产业和单位构成了一个完整的区域产业。这些链条中的每个节点都可以为乡村旅游地贫困居民提供相应的就业机会,从而增加他们的收入,达到旅游扶贫的目的。同时,乡村旅游的发展离不开宾馆、餐饮、交通、商务等服务人员的参与,这也为贫困地区劳动力转移和农民增收创造了条件。除此之外,休闲农业也十分有利于城乡人才、信息和科技的交流,它不仅使城市人了解和体验农业,而且有助于农民转变观念,提高城乡互动质量,促进农村文化、社会、经济全方位发展。

三、共享式发展理论

(一)共享式发展理论概述

共享式发展,是 2007 年我国加入世贸组织后,基于经济快速增长的现实而提出的概念,重点强调在区域经济增长中,相关经济主体间能够公平、合理地分享地区经济增长。在当前背景下,我国新的发展观是"创新、协调、绿色、开放、共享"。"共享"是当前我国社会经济发展过程中必须考虑的问题,随着我国经济的快速发展,存在着地区差异、城乡差距、产业差异、居民收入水平差异等问题,因此,消除贫困以及实现社会和经济的公平与共享将是经济社会发展的重点。共享式发展的核心意义,正如恩格斯所说:"结束牺牲一些人的利益来满足另一些人的需要的状况,使所有人共同享受大家创造出的利益,使社会各成员得到全面的发展。"总之,共享发展观十分符合当下我国的国情,其包括五个基本内涵:全面性、全民性、主体性、现实性和多样性。

(1) 全面性。也就是说,共享的内容以及范围必须是全面的,可以在经济、政治、文化、社会和生态方面分享成果。共享和发展的主要内容包括五个方面:消除贫困、增加公共服务供给、优先发展教育、促进就业和创业、提高居民收入水平。

(2) 全民性。共享的主体必须实现全面共享,要逐步打破城乡之间的不平衡以及行业间的不平衡,使每个人都能真正分享改革发展的成果,在国家所提出的共享政策中得到实惠。

(3) 主体性。共享要始终坚持共建共享,始终以人民为中心,并充分发挥人民的全部力量,凝聚人民的智慧,最大限度地激发人民的力量,把人民的进取心、活力和创造力激发出来,同时,在共享中提升人民的参与热情,进一步提升各个政策的推行与实施效果。

(4) 现实性。共享的程度必须调整到经济共同体能够适应的水平,不能过分透支。总的来说,共同发展要始终沿着社会救济、社会保障和社会福利等层面逐步提升,让共享的效果发挥到最大,惠及更多的民众。

(5) 多样性。多样性主要体现在实现共享的手段是多种多样的,可以通过经济发展,特别是经济发展共享来实现,通过制度安排,确保发展的源头、发展的机会和发展的权利能够向社会全员开放,有效促进共同发展。通过多种形式的共享,可以有效加快服务型政府建设,为公众提供更多的公共产品和公共服务。同时也有助于促进基本公共服务均等化,促进社会慈善事业的发展,并通过公共服务来分配社会财产,减少共享水平之间的差距。

(二)共享式发展理论在乡村旅游扶贫中的应用

1.共享式发展是乡村旅游扶贫必须坚持的原则

共享式发展关系到平等和公平问题,在乡村旅游扶贫工作中,要求更多的利益群体享受乡村旅游发展带来的成果和效益,最大程度保护弱势贫困群体利益,同时加强贫困地区中小企业和贫困人口能力建设。同时,也强调旅游投资自由化,反对地方保护主义等,进一步确保贫困地区社会经济协调发展，实现经济的可持续发展。

在具体的乡村扶贫工作开展过程中，贫困人口由于自身情况差异会出现不同的贫困状况，他们能够接受和享受的捐赠援助的结果也有很大的差异，进一步导致旅游经济发展中居民收入的变化是不同的。因此，应当更为注重共享式发展政策的制定和措施的实施，采取有效措施来保证最贫困人口的利益分配问题。

2.乡村旅游扶贫必须避免出现外来资本剥夺当地资源的状况

共享式发展本身具有全面性、全民性、主体性、现实性、多样性等特点。因此，在乡村旅游扶贫措施中，必须保证当地居民充分参与乡村旅游开发，分享旅游开发的利润和收益。要避免贫困居民低价出售土地等情况。1989年，有学者对印度尼西亚庞岸达兰旅游业的发展进行研究后发现，该地区旅游业在旅游业生命周期不同阶段有着不同的表现，当地穷人参与旅游的程度会随着阶段的不同产生很大的差异。在旅游业发展之初，当地居民可以从旅游业中获得巨大的利润，但随着旅游业的发展，政府的干预、外资的引进、旅游设施的建设等使公共资源不断被占领，居民以自然资源为基础的收入不断失去，非正规部门的补偿收入也不断缩减，贫瘠的土地变成了外资的掠夺地。基于此，我国在乡村旅游扶贫开展过程中，要做好利益分配问题，避免地区和人口返贫现象的出现。

例如，政府可以允许酒店的建筑工地与当地村民合作。目前，我国正在全力降低国际旅游的组织化程度，到2020年，旅游者的旅游方式将以散客为主，因此，更应当注意旅游公司与贫困村的利益分配关系。首先，旅游基础设施中的道路和桥梁必须延伸到邻近的村庄；其次，旅游基础设施中的输电网络和供水设施必须靠近邻近村庄，充分实现相邻村庄和能源供应设施的共享。旅游扶贫不是政绩工程，重心应当落在贫困地区人民脱贫致富上，同时还应当注重当地经济的可持续发展。

四、政府角色理论

(一) 政府角色理论概述

政府角色理论首先可以追溯到自由主义政府理论,创始人是亚当·斯密,他认为政府应该较少干预市场和社会的管理,应给予市场足够的自然发展空间。20世纪20年代,美国经济大萧条,使人们意识到自由主义政府理论的局限性,凯恩斯主张"全能政府",认为政府需要干预市场。无论是自由政府还是全能政府,其区别在于政府在社会经济中应该扮演什么样的角色。

新自由主义政府理论是古典自由主义与凯恩斯主义政府论相结合的产物,通过对自由主义政府论以及凯恩斯主义政府论中所存在的不足之处进行分析,进一步调和政府与市场的关系、政府与社会的关系,并积极借助市场和社会的力量弥补政府财政和服务能力的不足。

(二) 政府角色理论在乡村旅游扶贫中的应用

农村贫困问题是我国广大贫困地区发展过程中亟待解决的问题。传统的扶贫方案多采取直接拨发资金的方式,把钱交到贫困人口手中,这种形式一方面受到很多人的诟病,另一方面只能解决当下贫困户的短期问题,并不能收到很好的扶贫效果。随着时代的发展,乡村旅游在全国范围内蓬勃发展,通过发展旅游业,脱贫致富比以往政府拨款、贷款等"输血方式"更为有效,真正由"被动输血"转化为"自主造血",大大减轻了贫困程度,直接增加了农民收入,促进了区域经济的发展。我国地方政府的旅游扶贫已经成为一项重要的"造血"工程,在国内政府主导的旅游发展模式和政府主导的扶贫开发背景下,政府通过在提供公共服务、提供发展资金等方面发挥重要作用,进一步促进贫困地区旅游经济的发展,在此基础上,将旅游产业延伸至其他相关产业,实现贫困地区经济的规模化、集群化可持续发展。需要注意的是,并不是所有的政府主导都能起到积极作用,需要结合贫困地区的具体状况采取适当的干预措施,整

◎基于乡村振兴背景下乡村旅游扶贫研究

合当地资源，把握适当开发原则，最终实现当地经济的可持续发展。

农村旅游扶贫开发与建设是一项长期而艰巨的工程，政府在发展乡村旅游扶贫过程中应发挥什么作用？如何促进和引导乡村旅游扶贫开发？这些问题都需要政府角色理论的指导。具体表现在：

1. 科学制定乡村旅游扶贫规划

乡村旅游扶贫规划不仅涉及乡村地区，还涉及我国城乡发展的整体规划、农村脱贫攻坚规则、农村土地规则、我国经济和社会发展的总体规划等多个部门、层级、领域的综合规则，因此，在制定规划时应从整体入手，结合农村建设中的各种、各类专项规划统一编制。此外，乡村旅游扶贫中还要做好乡村旅游重点村、重点镇、重点县的总体划分，建设科学合理的扶贫地区、扶贫带、扶贫点，确保乡村旅游扶贫工作的点、线、面协调统一，除此之外，乡村旅游扶贫要针对贫困户以及贫困人员的实际情况采取更具针对性的支持措施，做好乡村旅游扶贫规划细化工作。

2. 加强旅游基础设施建设

为进一步强化政府角色理论在乡村旅游扶贫中的应用，应当积极整合贫困地区资源，加大投入，挖掘当地生态旅游、民俗文化等资源，因地制宜打造乡村旅游重点景区，引导当地贫困地区群众脱贫致富。除此之外，要着力做好乡村旅游扶贫重点村的旅游基础和公共服务设施建设工作，进一步完善乡村旅游服务体系；加快有条件的农村硬化道路建设，推进农村公路安全生命保障设施建设和危桥改造工程，合理拓宽客运专线路面道路以及做好公路防护整修工作；推进重点景区与主干道连接和旅游线路建设工作，改善重点景区交通条件；加快农村宽带信息基础设施建设，提升当地信息化水平；加快农村生活污水处理，深化"厕所革命"，开展并加大"六小工程"建设力度，大力推进有条件贫困户发展乡村旅游服务，并为贫困户发展乡村旅游经营活动做好保障以及政策支持工作。

3. 大力开发乡村旅游产品

政府在推进乡村旅游扶贫的过程中，要大力开发农村自然资源的多样性，挖掘文化的包容性、特色性，带动贫困户参与到乡村旅游产品开发过程中,并重点打造基于当地资源的文化产品旅游产业链,开发以农家乐、渔家乐、牧家乐、休闲农庄等为主题的乡村度假区,建设以自然风光、美丽乡村、传统民宅为特色的旅游主题场地,策划该类型的观光娱乐活动,大力开发乡村旅游产品。与此同时,大力发展徒步、农村体育等类型的休闲活动,培育野营、帐篷营地、乡村民宿等新业态,打造多种形式的农村文化特色演艺和节庆活动,丰富当地旅游产品以及提升当地旅游服务水平。

4.加强旅游广告营销

丰富乡村旅游宣传形式,通过当地电台、电视台、报纸、广告牌、路牌、道旗等多种传统宣传方式,以及开展主题活动、举办形式多样的节庆活动、创办新颖的电商平台传播等手段扩展乡村旅游的宣传载体,推广乡村旅游的特色和风格;同时,可以通过进高校、下企业、入社区等形式,拓宽乡村度假生活理念,吸引更多潜在消费者体验乡村旅游项目。除此之外,也应当积极拓展网络宣传渠道,通过与各大电商平台或旅游 APP 合作,推出当地特色民宿等旅游产品;为了吸引游客,还可对本地区的文化资源和民俗资源进行深入挖掘,适度开发当地资源,推进乡村旅游的顺利开展。同时,还可借助乡土文化、民俗风光、农事节庆活动等组织有特色的活动,打造乡村旅游品牌。

5.加强农村旅游扶贫人才培训

政府角色理论在乡村旅游扶贫的应用过程中,也应当加强对农村旅游扶贫人才培训工作的开展,创新乡村旅游扶贫开发方式,积极开展乡村旅游管理人员、乡村旅游带头人、乡村旅游创客、乡村旅游导游、地方文化解说等各类实用型人才的培训,促进乡村旅游扶贫项目更为顺利及高效地推进。从人才培养上发力,能够为乡村旅游发展奠定基础,从根本上进一步提升贫困人口旅游服务能力。最后,还应当培养一批乡村旅游扶贫培训师,深入基层一线,对群众进行扶贫对策相关的技能指导。

五、其他相关理论

（一）内生式发展理论

内生式发展是指以区域内的资源、技术、产业和文化为基础创新动力，促进区域内经济、社会、文化、生态全面发展的模式。内生式发展模式重点关注地方自我发展能力、保护自然环境和独特地方人文环境能力等。其主要内涵应包括以下几个方面：

（1）农村发展的最终目标是在内部发展的基础上，以农村实际情况发展为重点，增强农村自我发展的能力。要特别注意农村发展，逐步摆脱当地居民过度依赖外部资本的情况，使当地农村群众回归到自主发展的状态。只有乡村地区具备自主发展潜力，才能最终实现可持续发展，这是消除贫穷的最终目标。

（2）加强贫困地区内生式发展能力的措施，还应当体现在以当地人作为主要参与者参与到实际的项目中。在这方面，贫困地区开发者开发的过程中，应当注重以当地人为主导，不能完全依赖外来资金投入方，贫困地区扶贫队伍建设要始终以当地人民为中心发展，使其能够充分实现内生式发展。

（3）为确保生活在贫困地区的当地居民成为乡村旅游开发的主要参与者和受益者，必须建立有效的农村社区基层组织。当前，我国最为广泛的基础组织以村委会为代表，但效率低下，不能广泛代表人民群众的意见。因此，具体到旅游项目开展过程中，可以成立"乡村旅游合作社"，如浙江很多发展乡村旅游的村落就发展起了自己的乡村旅游合作社，以此为载体进一步发展乡村旅游，更有效开展业务。成立乡村旅游合作社正是基于内生式发展理念而推出的更符合实际情况的举措。

（4）使农村社区贫困人口带动自身发展，培养贫困地区和贫困社区的自我发展能力，是一个非常重要但又容易被忽视的问题，而为了进一步提升当地农村群体的自我发展能力，不能忽视乡村文化自觉以及文化自信的培养。在多方力量参与贫困社区旅游扶贫开发过程中，必须从内部尊重农村文化，尊重当地贫困人口，善待贫困人口，让他们亲身感受到平等和尊重，才能进一步积极引导他们创建农村文化，不能改变村庄和村民的生活方式，不能把具有独特地方特色和深厚历史文化内涵的传统古村落改造成"统一模板"。而在实际进行乡村旅游扶贫工作的过程中，当地的贫困人口可能没有意识到当地民居、传统民俗及传统文化等的价值。所以，在扶贫开发乡村旅游的过程中，要让他们意识到当地的传统文化和当地古民居的价值，在当地文化中树立自我意识、自信心和自豪感。除此之外，由于交通偏僻，一些古村落居民长期贫困，也可能使他们失去文化自信，乡村扶贫人员要帮助和引导他们重建文化信心，使他们认识到，在后工业文明时代和新生态文明时代，当地文化资源本身是宝贵的财富、是稀缺的资源，通过对这些资源的科学保护和利用，绿水青山可以成为金山银山。进而，在后期的文化旅游扶贫项目开展过程中，在实现脱贫致富的同时，要保护好生态资源，传承当地传统文化。

（二）社区参与理论

社区参与顾名思义就是以社区居民为主，参与社区开发、建设、发展的理论。这一理论是100多年前由美国社会学家F.法林顿提出的，经由联合国出版的《社区发展与经济发展》（1960）一书而广为人知。激发广大社区居民的参与感，使贫困居民在乡村旅游扶贫中积极承担起服务工作，是我国乡村旅游扶贫建设的重要内容，唯有如此才能把贫困落后的农村建设成为可持续发展的美丽乡村。社区参与并不是一个动作，而是一个过程，一种正面、积极的表达形式，一种实现权益的有效行为。社区中的人们在乡村旅游开发中有责任也有义务揭示问题、表达需求，评估资源并最终解决问题。

社区参与理论中最成熟的理论之一即为社区参与旅游开发的独创性和应用性。最早将社区参与理论引入旅游开发的是《旅游：社区的方法》这本书，1985年该书作者墨菲在书中正式提出了社区参与旅游发展模式。经过数十年的发展，这一旅游发展模式取得了丰硕的研究成果。在中国国内支持这一理论的学者以中山大学保继刚为代表。如今，该理论已应用于我国的多个旅游开发项目中，涉及的旅游相关利益主体主要有旅游景区、旅游景区周边、旅游目的地。

社区参与理论是当前国内外乡村旅游开发中的重要理论之一，在乡村旅游扶贫建设中借助这一理论能够有效补充乡村旅游理论依据。因而，基于当今背景下，更应着眼于社区建设，鼓励更多当地人员参与到旅游扶贫开发中，并能够公平地从旅游发展中获取相关利益。

（三）增权理论

"增权"是现代社会工作理论中的一个重要概念，指赋予或充实个人或群体的权力。权利缺失是权利概念体系中能量和资源匮乏的一种状态，在当前我国乡村旅游社区发展过程中，许多贫困人口面临着"权利缺失"的境地，具体表现在较少有机会参与旅游扶贫开发过程，在乡村旅游开发中话语权受限，更多当地贫困地区的人们处在弱权的情况。换言之，这种力量不足以支持他们成功地获得改善生活和环境的资源。产业扶贫开发中的精英俘获问题是导致产业扶贫效果不佳的主要问题，在新制度经济学中，制度是经济发展的内生变量，很多学者对收入分配等制度设计高度关注，而贫困村不能从乡村旅游中受益的很大原因是权利的缺失。阿马蒂亚·森认为，贫困不仅是低收入所引起的，更重要的是贫困者获取收入的能力被剥夺，同时机会的丧失也进一步恶化此种情形。因此，为了提高乡村旅游扶贫的精准性、有效性，有必要通过为农民"增权"来提高贫困人口在旅游开发中获取的效益。

为了通过赋予农民权益来提高贫困人口的盈利能力，促进农村旅游精准扶贫，必须激发当地贫困地区人员的主观能动性，并借政府等外部力量的推动提升乡村旅游扶贫项目的开展效果。除此之外，政府应当赋予当地人民一定的发展权、参与权、决定权，确立农村社区居民在发展乡村旅游扶贫过程中的主动权。在发展乡村旅游扶贫过程中，要确立当地社区居民的地位，充分尊重社区居民的意见，了解社区居民的要求，不能只由开发商主导，而应将当地人民的权益放在首要地位，在保护好当地资源的同时大力发展当地经济。

（四）比较优势理论

比较优势理论可以追溯到亚当·斯密的《国民财富原因和性质

研究》中有关贸易的绝对比较优势理论。比较优势理论的核心是根据当地区域资源优势组织该区域的经济活动，参与区域分工与合作。由于自然资源和人文地理的差异，不同地区具有不同的资源禀赋，如果能够利用自身优势资源开展相应的经济活动，则更容易在激烈的市场竞争中处于相对优势地位，有利于产业发展。因此，贫困地区在选择旅游扶贫发展战略时，应追求与比较优势相一致的发展战略，优先发展当地具有比较优势的产业。需要注意的是，旅游扶贫项目虽然是一种有效的扶贫方式，但并不适用于所有贫困地区。

只有具有相应条件的贫困地区采取合适的旅游扶贫模式，才能取得理想的扶贫效果，乡村旅游扶贫至少需要五个适用条件：第一个条件是市场条件，景区周边有较大的休闲旅游需求人群；第二个条件是乡村中的自然资源或人文资源相对较为丰富，与其他地区相比具有比较优势，同时与当地其他资源相比也具有比较优势；第三个条件是旅游资源的可通达性，即旅游资源地区的交通状况良好，或交通基础建设较易实现，可以使游客方便、快捷地到达资源集中地；第四个条件是当地的硬件基础设备较好，能够满足游客接待的基本需求；第五个条件是当地及其周边一定区域内除了特色民俗以及自然资源外其他资源乏善可陈，旅游资源开发的机会成本较低。近年来，随着国家对乡村旅游开发的提倡，各地各乡镇几乎都上马了旅游扶贫开发规划。然而真正满足以上五个条件的乡村地区却相对较少。也就是说，大部分乡村并不具备旅游开发的比较优势。这也是许多贫困乡村上马了旅游项目，然而效果不佳的原因所在。当然，乡村旅游开发并不只限于对青山绿水的开发，一些城市郊区的村庄可以发挥地域资源优势，在大城市周边开发如乡村旅游度假区之类的项目。然而一般来说，乡村旅游度假村投入较大，不利于贫困村的发展。

综上所述，乡村旅游开发需要做到因地制宜，把握好当地的比较优势，不跟风、不盲从，才能实现较好的旅游扶贫效果，推进乡村扶贫项目的有序开展。

第三章 基于国内外视域下乡村旅游扶贫发展历程及实践研究

第一节 国内外乡村旅游扶贫的发展历程

一、国外旅游扶贫历程简析

贫困是世界范围内所存在的现象,反贫困一直是全人类共同面临的重要议题。1999年,英国国际发展局提出了"旅游扶贫"的概念,直接将旅游发展与消除贫困联系在一起。国际乡村旅游最早起源于19世纪的欧洲,1865年,意大利"农业与旅游全国协会"的成立标志着该类旅游形式的产生。为了进一步逃避当时工业城市的污染以及快节奏的压力,再加上当地铁路等交通环境的大力改善为国外旅游经济的发展提供了基础条件,欧洲阿尔卑斯山区和美国、加拿大落基山区成为世界上早期的乡村旅游地区。

从世界范围看,美国、法国、英国等发达国家以及欠发达国家和农村地区,都将乡村旅游工作放在了重要位置。新西兰、爱尔兰、法国等国把支持乡村旅游作为稳定村庄发展、避免农村人口盲目流动的重要手段之一,同时在资金以及政策上予以乡村发展大力支持。加拿大、澳大利亚和太平洋地区的许多国家都把乡村旅游作为农村经济发展的重要手段,一些国家还将旅游业视为农村发展的战略性产业，在此基础上大力开发适合区域基础设施和服务的工具和路线。韩国、日本等国也将渔业、民俗业等乡村旅游产业置于重要的经济地位。

在当前背景下，随着工业化、城市化进程加快，农村经济和政治地位发生了巨大变化，乡村旅游备受关注。特别是随着技术以及时代的进步，农业生产体系不断完善，农业劳动力需求下降，剩余农产品增加，许多农村人口外迁导致农村服务水平下降，农村社区减少，同时农村老龄化问题也日益突出。农村的发展情况引起了西方发达国家政府的重视。而乡村旅游的兴起有助于促进农业产业结构调整，同时还可以充分利用农村剩余劳动力资源，实现农村地区经济的可持续发展。

总的来说，乡村旅游自20世纪70年代末兴起以来，到如今已有100多年的历史，目前已进入观光、度假、体验等多功能开发和完善阶段，活动内容和形式日趋丰富，尤其是欧美国家的乡村旅游模式已经初具规模，逐步走向规范发展的道路，这也彰显出乡村旅游具有强大的生命力和日益增长的发展潜力。

（一）起步阶段

国外乡村旅游发展初期经历了很长一段时间，在英国、法国等国甚至经历了100多年的发展历程，呈现以下几个特点：

1. 乡村旅游以田园观光为主

市民开始认识到农业旅游的价值，并参与到乡村农业旅游中，具体到国外的乡村旅游项目的开展，多是伴随着野营、狩猎、垂钓、远足、骑马、参观历史文化遗址等休闲活动，产品结构单一，产品档次不是特别高，旅游项目的服务质量低。

2. 小规模经营活动

在国外旅游项目开展过程中，处在初期的乡村旅游经济发展并不是特别繁荣，经营的规模较小，大部分仅是在对现有建筑进行小规模改造的基础上发展起来的，主要由一个小家庭管理，如西班牙的乡村旅馆，当地居民家庭为游客提供的服务主要是床铺+早餐，平均每个农户有八张床，这种形式的乡村旅游项目经营多是对当地农业收入的一种补充,还远未成为当地农村经济的支柱产业之一。

3.游客以本地城市的中等收入家庭为主

在早期乡村旅游项目开展过程中,考虑到游客的支付能力和他们对旅游的看法,早期游客主要来自当地城市的中等收入家庭,他们大多采取周末去周边的乡村景点旅行的形式,亲近自然,放松身心,缓解城市生活的压力。乡村休闲仅限于乡村聚落,尤其是教堂、酒吧、市场等。

(二)发展阶段

20世纪中后期,国外乡村旅游进入快速发展阶段,特别是在欧洲、北美、日本等经济发达国家和地区发展势头良好,并具有以下几个特点:

1.产品类型多样化

随着社会经济的发展和乡村旅游的迅速普及,旅游者对乡村旅游产品的多样化、内容的丰富性和体验的多样性提出了更高的要求。许多游客不再局限于乡村旅游和农事参与。在欧洲,乡村旅游逐渐开始演变出更多的旅游形式,如徒步旅行、骑马、狩猎、文艺节庆、乡村摄影、乡村度假等,通过此类丰富多彩的乡村旅游项目的推出,很大程度上满足了游客对新奇事物的需求,为当地乡村地区经济的发展带来直接影响。尤其是乡村驾车者和乡村度假者,游客可以根据自己的知识和兴趣制定出游计划,也已经逐步成为越来越受欢迎的乡村旅游类型,极大地促进了乡村经济的繁荣。

2.旅游者趋向大众化

乡村旅游的发展与社会经济发展水平密切相关,经济发展水平的迅速提高使旅游者不再局限于城市中等收入者,很多处在城市普通阶层的市民也有时间与精力出游,旅游者的大众化为当地乡村旅游项目的顺利推进提供了强大的消费动力。

3.乡村聚落与乡村休闲旅游的关系

乡村聚落与乡村休闲、乡村旅游的关系发生了巨大变化,在许多地区,乡村旅游休闲已经从被动发展为主动,开始主动探寻更为优化的路径，进一步打造更有游览价值以及人文韵味的乡村景观，以此吸引更多的游客前来观赏，进行消费。这一变化已成为全球关注的一个领域，比如，在匈牙利、西班牙、法国、美国、加拿大、日本等发达国家，以乡村旅游为主题的研究以及与农民经济效益相关的研究也日渐兴起。与此同时，在分析乡村休闲旅游的正面影响之外，对其负面影响的探究也引起了学者的关注。

（三）提高阶段

20世纪80年代以来，国外乡村旅游进入提高阶段，旅游者追求的是一种个性化的精神享受，也促使乡村旅游项目开始转变策略，这一阶段的主要特点表现在以下三个方面：

1. 乡村旅游功能的转变

乡村旅游已从最初单纯的观光旅游发展到集休闲、度假、体验、消费等于一体的综合性活动，乡村旅游项目所涉及的范围以及设计主题更加专业化和个性化，作为消费者的游客开始追求更高层次的休闲享受。单一的传统乡村聚落已不再适合高度专业化、现代化的旅游休闲发展，乡村旅游也具有了积极参与和竞争的需求。因此，在传统旅游活动的基础上，逐步延伸到考古、健身、滑雪、探险、滑翔、野外生存等更具有挑战性的项目上，国际含义上的乡村旅游概念和内涵发生了巨大的变化。

2. 乡村旅游产品管理更加专业化、品牌化

需求的变化使供给相应地发生变化，处在消费端的游客对乡村旅游项目提出更高的要求，因而也在促使乡村旅游产品管理向着专业化和品牌化方向转变。乡村旅游在德国、奥地利、英国、法国、西班牙、荷兰等欧洲国家具有相当的规模，基于地域性以及特色性发行了更具特色的乡村旅游主导产品，同时提供了更加优质的乡村旅游服务项目，促使乡村旅游走上了规范发展的轨道。

3. 游客来源趋于多样化和国际化

随着经营规模的扩大和对品牌建设的重视，旅游目的地的客源趋于多元化，著名的乡村旅游目的地开始吸引国内外游客，使乡村

旅游走向国际化。乡村旅游逐步成为一种独特的旅游形式，使乡村旅游在全球范围内逐步兴起。

二、国内旅游扶贫研究情况

消灭贫困共同富裕是我国社会主义建设的重要目标。中国是一个发展中国家，农村贫困人口众多，因此，消除贫困一直是政府和社会各领域的重要研究课题。但是，由于我国地域辽阔、人口众多，许多地方特别是一些边远地区的贫困问题仍然严重。20世纪50年代中期以来，国家在全国范围内实施了有计划的、全面的脱贫攻坚计划，不仅加大了对脱贫攻坚的投入，而且实施了一系列扶贫攻坚措施，如脱贫攻坚计划、西部大开发、建设社会主义新农村等，同时也及时制定了一系列农村扶持政策，并出台了重大的社会保障措施，脱贫攻坚也开始有了根本性的改革和调整，逐步实现从"输血式扶贫"到"造血式扶贫"的转变。在扶贫实践中，专家和政府逐渐认识到，可以在农村地区利用其优美的自然景观、丰富多彩的民族文化和农村文化进行适当开发，借助天然的生态环境来开展旅游扶贫，保障农民增收。而在我国众多农村中，不少贫困地区有着丰富的旅游资源，但却尚未开发。因此，在脱贫攻坚中应当发挥政策作用，积极借助旅游扶贫推进各项扶贫事业的有序开展。

旅游扶贫是我国全面脱贫体系的重要组成部分，与中国的脱贫事业是同步的。旅游扶贫工作经历了20世纪80年代的起步发展阶段、20世纪90年代的初步发展阶段以及21世纪10年代的深化阶段。我国旅游扶贫事业在不断深化发展的过程中，国家旅游主导部门和旅游扶贫政策起着关键的作用。

（一）第一阶段（1980～1990年）

这是我国旅游扶贫的第一阶段，可分为两个具体的阶段。在1985年之前，我国的一些老、少、边、穷地区开始充分利用地理位置优势，如在靠近中心城市或主要旅游景点的地区发展旅游业，开发利用当地旅游资源，向着脱贫致富方向有序前进，对社会产生了巨大的影响，也逐步引起了当时国家有关部门的关注。到了1985年之后，国家"七五"计划中，旅游业被正式纳入国民经济和社会发展计划，一批旅游资源相对优质的贫困落后地区，得到了国家和地方的资金支持，开始有计划地开发与建设乡村旅游项目，取得了一定成效。

（二）第二阶段（1990～2000年）

这是我国旅游扶贫开发的第二个阶段。在过去的十年，我国乡村旅游项目在有序推进过程中出现了以下几个标志性的事件：1991年，通过发展旅游取得卓越成效的地区代表首次提出了旅游扶贫的口号。之后，国家文化和旅游部一直把旅游扶贫作为旅游发展重要问题进行研究；1991年10月以来，国家扶贫办、国家文化和旅游部先后召开旅游扶贫工作会议，开展旅游扶贫相关专题研究与工作总结工作。

（三）第三阶段（2000年至今）

随着我国西部大开发战略的提出和具体实践，以及国家对扶贫开发工作的日益重视，旅游扶贫备受关注。2002年1月，国家文化和旅游部提出了试办国家旅游扶贫试验区的工作设想和具体意见。2006年，全国旅游主题是展示中国乡村旅游的新景观、新旅游、新体验、新时尚。中国旅游扶贫工作进入快速发展阶段。2015年至今，国务院、国家文化和旅游部、国家发展改革委、自然资源部等部门陆续发布或联合发布了一系列乡村旅游扶贫政策，涵盖乡村旅游、休闲农业、田园综合体以及农业PPP等诸多方面，为乡村扶贫旅游提供了支持和保障。2016年3月，发改委等七部门联合印发《关于金融助推脱贫攻坚的实施意见》，重点关注精准对接特色产业、重点项目和重点地区等领域金融服务需求。2016年4月，国家文化和旅游部120亿元旅游基建基金申报启动，以乡村旅游、文化旅游、研学旅行、旅游小城镇等项目为重点支持对象。2017年5月，财政部、农业农村部联合下发《关于深入推进农业领域和社会资本合作的实施意见》，将农业田园综合体作为聚焦重点，推进农业领域PPP工作，支持有条件的乡村建设以农民合作社为主要载体，让农民充分参与和受益，集循环农业、创意农业、农事体验于一体的田园综合体。财政部与农业农村部联合组织开展国家农业PPP示范区创建工作。各省（区、市）财政部门会同农业农村部门择优选择1个农业产业特点突出、PPP模式推广条件成熟的县级地区作为农业PPP示范区向财政部、农业农村部推荐。2018年，国家文化和旅游部、国务院扶贫办印发《关于支持深度贫困地区旅游扶贫行动方案》，该方案指出，支持深度贫困地区旅游扶贫的目标任务是：到2020年，"三区三州"等深度贫困地区旅游扶贫规划水平明显提升，基础设施和公共服务设施明显改善，乡村旅游扶贫减贫措施更加有力，乡村旅游扶贫人才培训质量明显提高，特色旅游产品品质明显提升，乡村旅游品牌得到有效推广，旅游综合效益持续增长。

第二节 国内外乡村旅游扶贫的实践类型及方式

一、国外旅游扶贫实践类型及方式

旅游业的扶贫类别与资源类型、文化背景有关，并没有普遍适用的蓝图以及统一的标准。在国外视域下，旅游扶贫的主要实践类型及模式有以下几种：

（一）按照生长协调机制划分

乡村旅游是农业与旅游业融合的产物，由于世界宏观经济体系和农业经济发展的差异，各国乡村旅游的增长和发展模式也不尽相同。从各国乡村旅游增长的协调机制来看，乡村旅游增长有三种类型：政府驱动型、市场驱动型和混合生长型。

1. 政府驱动型

在政府规划的指导下，这种乡村旅游发展模式采取多种措施，对乡村旅游发展给予积极的引导和支持态度。其典型特征是政府参与规划、经营、管理和营销等活动。具体到实践过程中，爱尔兰、葡萄牙等许多国家和地区在乡村旅游发展初期多采用此种模式。

2. 市场驱动型

市场驱动型，顾名思义，即乡村旅游扶贫开发中以市场自动调节为主导，政府干预较少。这种乡村旅游模式的前提是，当地有着相对完善的市场机制，民间组织较丰富，且能够自行发挥行业自律及保护作用。这种类型民间组织的代表有爱尔兰农舍度假协会、法国农业协会等，其在当地的乡村旅游中发挥着重要作用。

3. 混合生长型

混合生长型，顾名思义，即市场驱动和政府干预相结合的发展模式，这一类型的特点是在乡村旅游扶贫的初始阶段以政府干预为主导，随着项目的开展，以乡村旅游行业协会为代表的民间组织陆续建立起来，并对行业进行约束与保护，此时，政府干预力量逐渐退出，代之以监管职能，而市场机制发挥的作用越来越大。这种模式的典型代表为法国20世纪50年代开展的乡村旅游促进项目，当时，法国农业协会建设了"欢迎莅临农场"网络，对促进当地乡村旅游起到了重要作用。

（二）按经营管理类型分类

从经营管理类型的角度，可以将乡村旅游发展模式分为以下两种类型：农旅结合开发模式、社区参与管理模式。这种模式强调乡村旅游目的地其他旅游资源的有效整合，其实质是强调区域旅游合作，以此获取更大的经济效益。

1. 农旅结合的复合型开发模式

农业扶贫与旅游业的关系十分密切，总体而言，农业旅游对当地经济和就业有着持续的促进作用。目前，国外对旅游扶贫开发的研究重点多集中在食品供应角度，这种思路也可以为我国旅游扶贫开发模式在传统的农业旅游和乡村观光旅游之外提供新的研究视角。具体到国外的实践过程中，如果农民想从粮食供应中受益，仍然存在重大障碍。因为存在当地食品质量、交通限制、食品供应决策者的政策、生产者之间的沟通和相互不信任等问题。旅游业的发展与当地农业的价值链密切相关，影响着农业旅游的扶贫效果。除此之外，国外在开展农业旅游过程中，更多致力于打造休闲农业与产业农业双结合的新思路，通过与大公司等优质伙伴共同开展"扶贫+农业产业化"合作，建立农产品扶贫车间，助推产业的共同发展。

2. 社区参与的管理模式

这种模式关注社区居民在乡村旅游中的作用，学者们对社区旅游的概念、评价方法和实证研究进行了大量的研究，社区旅游不仅能够有效促进当地社区的发展，也有助于促进当地社会文化的发展。社区旅游扶贫难度大，旅游项目投资成本高，非政府组织和捐赠支持有限，再加之社区管理能力低下，社区旅游投资和可持续性问题突出。对于这个问题，有学者指出社区旅游扶贫必须建立有效的旅游规划进程，并加强生态教育和旅游培训，建立利益共享机制，让社区旅游扶贫能够发挥最大的作用，并能够吸引更多的当地居民参与进来，提升扶贫效果。

（三）按项目开发和旅游动机分类

从乡村旅游开发项目和旅游者的旅游动机来看，国外乡村旅游可分为休闲观光旅游和农业参与旅游两种主要模式。

1. 休闲观光旅游

乡村旅游项目主要以欣赏乡村风光、放松身心，同时参与一定的农业活动为主。观光农场在城郊或景区附近开辟特色果园、菜园、茶园和花坛，让游客进园自主采摘水果、赏花、采茶。此外，他们还可以品尝当地的美食，体验骑马、钓鱼、绘画等活动，享受田园的乐趣。这是国外最常见的休闲农业形式，以韩国、爱尔兰、新西兰等国为代表。

2. 农业参与旅游

这类乡村旅游主要在所参与的各种农业活动中体验旅游乐趣，乡村旅游项目主要以各种农业活动为主，以美国和日本为代表。美国的农牧业旅游属于务农类型，如西部的农牧业旅游，旅游者可以得到和牛仔一样的工资来补贴旅游费用。这种形式的旅游不仅解决了农业劳动力不足的问题，而且可以就近销售产品，获取经济效益，给当地农民带来更多的收入途径。同时，还可以组织游客和农民到田间地头劳动，体验农村生活，感受与城市生活全然不同的乐趣。

（四）按性质、定位等特色划分

1. 自然旅游与减贫结合型

自然旅游的基础是野生动物、地质景观等，自然旅游与当地乡村的发展密切相关，借助自然资源开展扶贫活动更加适用于非洲等发展中国家，而具体到非洲国家，确实依据自然资源与扶贫相结合的形式，取得了很显著的效果。此外，旅游业还改善了当地民众对生物多样性保护的态度，减少了其对自然的依赖，促进了旅游业的发展。不过需要注意的是，自然旅游业与可持续减贫之间也存在一些矛盾，比如，在赞比亚的野生动物保护区，当地农作物很容易受到破坏。因此，需要把握好人与生物的冲突，并做好生态环境的保护工作，自然旅游才能可持续地减少贫穷，也才能借助自然旅游实现脱贫效果的最大化。

2. 遗产旅游与扶贫结合型

遗产旅游对提高居民生活水平、提升居民对本土认同感和当地旅游竞争力具有显著的积极影响，同时也有助于当地文化的宣扬以及传播。比如，在印度尼西亚爪哇婆罗浮屠遗产地，当地居民以公园员工、私营企业（商店、餐馆等）和非正式部门（沿街叫卖旅游纪念品，出售冷饮、香烟、甜食、明信片等）三种方式参与旅游，当地居民的旅游收入多来自外来游客的消费。同时，当地居民并不愿意放弃农业和旅游业，仍旧注重当地粮食的重要性。除此之外，印度遗产旅游保护了自然与文化遗产，改造了工业化破坏的环境，并为当地居民和到访游客提供了交流的机会，有助于推进旅游项目的有序开展。

3. 住宿业和扶贫结合型

住宿业是旅游扶贫的重要组成部分，关于旅游扶贫的方法在扶贫过程中的体现也受到诸多学者的关注。利用乡村闲置住宅，结合当地民俗生态、农牧活动，为郊游、度假市民提供个性化住宿，乡村民宿正成为扶贫开发新业态。

总而言之，旅游扶贫是一种特殊的发展方式，在目标定位、适用范围和实施方式上与其他扶贫方式有所不同。旅游扶贫侧重于主流旅游目的地、旅游环境和其他社会问题，并把解决贫困问题放在重要位置加以分析，密切关注贫困地区的旅游目的地及其旅游实践，特别是与贫困有关的情况。通过以上多种形式的旅游扶贫的分析，可以进一步看出其各自侧重点有所不同，但最终重点都落在脱贫上。

二、国内旅游扶贫实践类型及方式

国内视域下的旅游扶贫，最初起源于20世纪80年代，经历了起步阶段、初步发展阶段以及迅速发展阶段，基于不同的划分阶段以及不同的划分标准，形成了不同类型的扶贫模式。

（一）根据主导主体划分

根据不同的乡村旅游扶贫主体，乡村旅游扶贫模式可以分为国家主导型发展模式、社区参与型发展模式、景区带动型发展模式等。

国家主导型发展模式是国家通过制定旅游产业政策或战略等方式，在相关政策引领下对旅游资源进行有效组织、协调和管理的模式。在国家主导的发展模式中，国家的主要作用体现在两个方面：一方面，通过加大政策的引导力度，以及对土地、金融以及财政等方面的优惠政策，进一步减少审批阻力，从而提升旅游开发的效率，同时借助优惠的政策鼓励更多的社会资本参与到乡村旅游建设项目中；另一方面，政府主导作用还体现在对乡村配套设施以及硬件设备的建设。政策的引导和加强，可以转变以往的"输血式"传统扶贫策略，盘活当地丰厚的旅游资源，强化该地区的基础设施建设，优化交通、通信和服务业等工作模式，使乡村旅游经济活动更为有序地开展。

社区参与型发展模式是从"输血"到"造血"的过渡模式，有利于保障当地居民的综合利益，促进当地整体经济的发展。通过旅游业的乘数效应拉动整个经济，从单一的旅游产业进一步延伸至当地其他产业的发展，逐步打造当地的经济圈，形成规模经济，进一步惠及更多的人。最终，通过强调旅游业来增强当地社区的参与意识，此种模式对乡村旅游扶贫项目的开展十分有利。

景区带动型发展模式是利用品牌效应促进周边贫困地区发展的模式。该模式通过合理规划设计,延伸了旅游线路,增加了旅游内容,提升了旅游价值,同时实现了旅游业与贫困社区的协同发展。通过具有创意性的项目开设以及与当地贫困地区的巧妙结合,进一步拓展旅游服务链和旅游产业链,实现区域旅游资源的综合开发,促进当地经济的集约化发展。

从参与者的角度看,不同的参与主体在参与强度以及效果上存在一定的差异,不同的参与主体为当地提供了就业机会,也提供了许多基础设施。但是由于不同主体所代表的利益各有侧重,使各种模式均存在一定的优缺点。其中,政府控制的控制力最大,存在着其他主体无法比拟的优势,但在实施过程中,由于地位的特殊性,存在权力寻租等损害当地其他利益相关者的行为。社区参与性开发模式的关键在于既要实现当地经济的发展,达到旅游扶贫的目的,也要保护好各个社区的生态环境,这种模式秉承一个观点:在发展过程中,生态环境的保护和公平更加重要。故而,社区参与型发展模式以保障当地居民的利益为核心。景区带动型发展模式以景区作为开发主体,在提供经营条件、硬件基础设施方面有着先天的优势,不过还应当看到景区带动型发展模式自身所具有的局限性,即在解决当地居民就业层面有一定的局限性,并不利于当地地区经济的发展和社会的发展,导致开展乡村旅游扶贫项目的效果十分有限。

(二)按开发方法划分

在乡村旅游扶贫实践过程中,根据开发方式的不同,可以分为粗放型乡村扶贫模式与精准型乡村扶贫模式。而精准旅游扶贫作为近年来提出的一种乡村扶贫模式,与以往的开发模式相比,在开发对象的选择和开发方法上有一定的精准性,更有助于乡村旅游经济的蓬勃发展。

以四川省罗江区为例,该地区紧紧把握"精准扶贫"方式开展旅游项目,带动了整个区域的发展。罗江区历史悠久,是四川省级历史文化名城、国家级生态示范县,素有"蜀都门户""调元故里""三国胜地""诗歌之乡"之称，具有丰富的旅游资源、区位优势和市场基础，区内至今保留着众多三国遗踪，以国家级文物保护单位庞统祠为中心的三国蜀汉文化享誉海内外。作为罗江区著名的旅游景区之一，白马关AAAA级旅游景区处于四川三国文化旅游线中轴线上，是三国蜀汉文化旅游线上的重要节点，也是"大九环"旅游线上的重要节点。但是，随着当地旅游业的发展，白马关景区内现有的设施已无法满足日渐增长的游客服务需求，为提高白马关景区的接待能力，以旅游带动扶贫工作开展，罗江区区委、区政府拟通过"旅游+精准扶贫"的模式，在完善景区配套设施的同时，针对性地帮扶贫困群众脱贫致富，实现精准扶贫，从而带动整个地区经济发展。在实际的乡村旅游精准扶贫过程中，真正实现以景区带村、能人带户，通过景区、能人、企业等旅游市场主体的投资、运营来带动贫困户和贫困人口分享旅游收益，实现脱贫摘帽。同时，大力实施"产业+旅游"行动，"以三国文化为引领，注重'文旅养农'融合，促进产业多层次、多元素发展"的产业发展战略，推进人文旅游产业化，形成全新的"各行业+旅游"新商业经济模式。

粗放型开发具有规范性强与开发模式固定的优点，在以往的乡村旅游扶贫进程中，多是采取此种模式开展工作，因而积累了一定的工作经验，为具体乡村扶贫工作的高效开展提供了众多的模板以及依据，在资金投入以及标准化方面，都具有一定的优势。然而仍需看到，与精准旅游扶贫相比，粗放型开发在旅游开发的精准度与效益方面存在一定缺陷。

近年来，我国贫困人口整体下降，扶贫工作步入一个新的阶段，与之相对应，乡村扶贫模式也应当有所改进与完善，因而，"乡村旅游精准扶贫"概念随之提出。这一理念的提出，进一步将扶贫的方向由粗放型转向精准型，使乡村旅游扶贫也转向更具现实意义的旅游精准扶贫，无论是方式、对象还是路径都有了新的变化。所谓精准型扶贫模式，即根据贫困地区的实际情况，制定和管理扶贫旅游活动的有效方法和方式，将扶贫对象落实到户到人，真正从源头做好乡村旅游扶贫工作。目前，作为旅游救助对象的人口中存在着大量的深度贫困人口，造成了地理位置、经济条件、劳动力等方面难以解决的贫困问题。标准化的扶贫模式难以推广,因此,必须构建更加科学有效的扶贫体系。

(三)按开发对象划分

在乡村旅游扶贫项目开展过程中,根据开发对象的不同,还可划分为原生态发展模式、特色文化发展模式和生态农业发展模式。

原生态开发模式是以可持续发展为基础的,是针对生态资源相对丰富的地区,充分根据其丰厚的当地资源开展一系列旅游扶贫工作,在项目开展过程中始终遵循可持续性原则,从而引导整个贫困地区的主体积极参与进来,摆脱思想和经济上的双重贫困。重庆市彭水在政策的引领下,借助当地丰厚的自然资源,积极让乡村变景区,让民房变客房,十分有助于当地贫困群体的脱贫致富。具体而言,与摩围山景区相邻的黄帝峡海拔1200米左右,非常适合纳凉避暑。这里散居着15户农户260人。一直以来,这里环境脏乱、房屋破烂、产业不兴、交通不便。考虑到发展农业生产会对当地的生态环境造成影响,2017年,当地引进重庆巴渝民宿公司,在不破坏原有生态的基础上,将这里的房屋进行改建,打造生态旅游民宿点,并采取"土地入股、以房联营、产权共享"的模式,让农户参与经营,使落后的彭水苗族土家族自治县变成了游客向往、农户增收的旅游景区。

特色文化发展模式是利用当地民族文化、民俗风情、宗教信仰等资源发展旅游业的模式,在当下,旅游经济的蓬勃兴起使游客有了更多的选择,而采取何种方式吸引更多的游客驻足贫困地区的乡村旅游之中,值得相关人员思考。在此种情景之下,唯有开发具有特色的旅游项目,利用当地特色资源发展旅游经济,才可以带动当地经济的持续发展。位于国家AAAA级旅游景区——遮阳山山脚下的"长乐人家",环境优美、气候宜人、民风淳朴、旅游资源得天独厚,溪流、栈桥、绿树在此相映成趣。一眼望去,层峦叠翠的遮阳山,天际有起有伏,移步皆成美景。漳县大草滩镇抓住东西部协作有利机遇,充分挖掘文化旅游资源,统筹资金120万元,其中东西部协作资金50万元,在遮阳山AAAA级景区所在地新联村,建设集住宿、餐饮于一体的"长乐人家"旅游扶贫项目,并积极探索文化旅游在扶贫工作中的助推作用，走出了一条"旅游+扶贫"融合发展的致富新路。

生态农业发展模式是在农业生产的前提下，利用农业自身和乡村景观吸引旅游者，并通过农业科技的建设，实现农业与旅游业的有效对接，从而吸引旅游者的发展模式，这种模式既能够拓展旅游项目，也能够保护良好生态，实现农业与旅游的完美对接。苟坝村坐落于遵义市枫香镇东部，总面积12平方公里，有杜仲1600余亩，素有"杜仲之乡"之称。常年气温16℃，全村以种植烤烟、辣椒、油菜等农作物为主，是典型的农业型村庄。境内环境优美、区位优越、交通便捷、山清水秀、民风淳朴。当地政府在国家精准扶贫政策的帮助下，充分利用当地红色文化基因，精心规划出的具有特色的红色旅游，让革命圣地发展欣欣向荣，不仅带动当地经济的快速发展、加快当地人民脱贫的步伐，同时作为全国重要的爱国主义教育基地，让前来参观学习的游客心灵得到洗礼。通过对当地丰富资源的开发，让游客在真切的体验过程中感悟到乡村旅游的魅力。

（四）根据特殊类别划分

除了以上三种划分方式下的扶贫旅游模式外，还有其他特殊的扶贫模式。例如，不同原因所导致的乡村贫困以及当地独特的地理条件，要求其根据自身特点制定相应的扶贫模式，才能进一步实现扶贫效果的最大化，如国家集中连片特困地区旅游扶贫开发模式、网络复合治理模式等。其中，国家集中连片特困地区旅游扶贫开发模式是以传统扶贫手段和经济办法都难以起效的连片特困区域的旅游资源为开发对象，将旅游开发与招商引资结合起来，进一步改善当地经济发展现状以及提升当地居民的生活水平。

随着"绿水青山就是金山银山"的理念日益深入人心，不仅在山西，而且在四川藏区、武陵山区、滇黔桂石漠化地区等重点生态功能区的贫困群众也都普遍吃上了"生态饭"，实现了在一个战场上同时打赢生态治理和脱贫攻坚两场攻坚战。截至2018年11月，以集中连片特困地区为重点，全国已累计选聘50多万名建档立卡贫困人口担任生态护林员，精准带动180万贫困人口增收脱贫。不少地区因地制宜搞生态旅游、绿色种养，盘"活"了生态要素，真正实现了百姓富与生态美的统一。

网络复合治理模式，是指利用从市场体系到官僚机制等多种形式，通过正式或非正式的社会管控规则把不同于政府的其他各个利益相关者联合起来，综合治理以期达到最佳的乡村扶贫效果。特别是随着旅游业的发展，作为旅游区业主和企业家的代表，要积极负责起旅游区的管理和当地旅游业的发展工作，促进当地旅游业的发展，做好旅游资源开发、资源保护、旅游营销等各项工作，此种模式具有良好的发展势头以及发展前景。对于贫困地区来说，以牺牲环境为代价谋求一时脱贫"很不划算"。把生态资源转变为经济资源，把生态优势打造成经济优势，才是"脱贫捷径"，随着生态保护补偿对重点领域和禁止开发区域、重点生态功能区的全覆盖，越来越多的贫困群众得到了实实在在的收益，"生态补偿脱贫一批"的效果日益显现。

第三节 国外视域下乡村旅游扶贫实践经验分析

乡村旅游扶贫实践经验是基于乡村旅游扶贫发展经验的总结与思考所形成的，多个国家乡村旅游扶贫实践的开展对我国有极大的参考价值。因此，十分有必要分析国外视域下旅游扶贫实践活动的开展情况，进一步探讨实现乡村旅游扶贫需要完善的路径和方法，并对我国乡村旅游扶贫产业的优化以及顺利开展提供借鉴。

一、国外视域下旅游扶贫实践形式综合分析

基于不同的经济与社会环境，国内外的乡村旅游扶贫具有不同的模式类型。

（一）国外农村旅游扶贫实践

贫困是世界范围内的一个问题，反贫困也已经得到世界各国的认可。在扶贫方法选择上，国外多个国家做出很多尝试，而旅游扶贫作为一项可以缓解农业衰退和增加收入的方式，其作用和意义已经得到多个国家的普遍认可，通过多个国家的实践，也已形成了比

较成熟的旅游扶贫开发模式。经过总结，许多不同的国家根据当地不同的经济和资源条件，形成了不同的发展模式，对我国的乡村旅游扶贫有很大的借鉴意义。

日本采取农民个体化的模式，每年以农业旅游为主在春秋两季进行农产品的建设和推广活动，通过在一系列活动中还原农业行为，并积极开展旅游扶贫建设，进一步唤起人们对农业环境保护的意识。这种形式的旅游扶贫实践能够真正帮助贫困人口获取更多的收入，同时不需要对其他主体进行额外投资，通过对农民本身提供最直接的服务，凭借当地特有的地域优势，进一步通过观光旅游等形式将当地的优美风光传递出去，借助旅游体验将乡村景观扩展到更广的范围，达到双赢的效果。不过需要注意的是，这种实践形式的开展主体是农民，在产品开发和产品广告上存在一定的局限性，大多处于被动经营的地位，在旅游长期发展与规划战略的制定上缺乏合理的计划，存在一定的监督管理缺陷，使当地农业产品雷同，影响当地品牌建设和经济效益。

韩国采取政府支持下的农民联合式乡村旅游扶贫模式，通过多个农民之间的协议，在旅游的各个环节设计产品，以田园风景、农业活动和农家乐为当地乡村旅游的对象。同时，政府也发挥了相对积极的作用，在引导方向上，对当地交通发展规模以及自然环境和历史文化价值高的环境、规模都有相关要求。政府在资金和政策方面采取了相对积极的行动，在资金额度、贷款利率或整个贷款环境的限制下，提供了一切相对便利的路径。除此之外，在监督管理方面，政府起到了无法替代的作用，根据当地农业发展情况以及旅游开发情况制定相对比较详细的标准，减少外部投资，通过相关政策的实施保障了当地的产业链，进一步提高当地的就业标准和收入水平，并且通过严格的生存能力评估和监测系统，保障当地自然生态环境，使农业旅游经济可持续发展。在更有力的保障下，通过一系列标准，使当地农业环境和生态环境得到更好的保护。但是，由于交通和生态环境的限制，这种模式的传播范围不大，参与人数和传播程度仍有很大的进步空间。

英国威尔士乡村旅游扶贫模式主要以社区委员联合会或合作社

的模式为基础。委员会或合作社代表所有村庄与旅游项目开发商、行业调解人和咨询公司合作。开发当地旅游产品,为村民提供指导和培训,协调村民的内部利益。社区参与旅游开发的模式是全民参与度最高的。这种扶贫旅游模式具有很强的可持续发展能力,能够保护村民的利益,但鉴于广大村民目光短浅,对公平分配非常敏感,在实际开展过程中更应当重视旅游业的可持续发展,并结合实际情况制定合理的长远发展规划,做好利益分配和村民沟通工作,提升乡村旅游经济效益。

新西兰乡村花园旅游模式通过专业农户与游客互动的方式,打造极具观赏价值的特色花园供游客欣赏,通过游客付费来获取收益,主要吸引一些摄影爱好者、园艺爱好者和退休人员等参与到其中。在创造和布置乡村园林景观的过程中,这种模式的投资需求相对较低,它可以解决农村老年人的就业问题,能够改善农村的精神面貌,特别适合一些靠近城市的空心村庄,这些村庄的基础设施和气候条件都比较好。但这种模式对农民的专业技能和建制条件要求较高,不适合大规模发展。

法国农村扶贫模式是一种村委会与农民合作的双重模式,主要由当地农民在村委会的指导下选择以及在政府政策的指导下由当地的农民自主选择适应当地经济发展的旅游模式。这种农业旅游实践形式更加看重当地村民的参与性与积极性,使其在整个旅游经济过程中担当重要的职责。这种旅游扶贫模式对于保护当地的农业环境,解决当地服务设施不足和日常生活维护的问题,保护当地的物质文化和精神文化资源具有重要作用。与此同时,这种实践形式的旅游扶贫对当地农民的服务素质、文化素养以及经营管理能力有相对较高的要求。

匈牙利的乡村旅游扶贫模式具有一定的智库属性,政府、非政府组织、农民和高校共同合作。其中,政府有关部门配合农户诉求成立旅游协会,制定必要的相关章程,并负责乡村旅游产品的推介活动。非政府组织主要提供资金支持和配合当地旅游行业完成工作,发展与当地旅游业相关的基础设施建设、农家乐建设;大多数农民会在政策的引领下积极参与到规划开发、管理决策等重要事项中,是具体的执行者。高校从事旅游业发展，并调整专业发展、分析和旅游的方向，如果这些模式的水平越来越高，则各个方面的效果和效益将越来越明显，与此同时，高校若想顺利开展与旅游相关的工作，需要进一步加大对资金的投入。

爱尔兰乡村景观旅游模式主要是以其独具特色的欧洲乡村旅游产品为基础，由政府统一项目的确定、建设、引进和管理。政府在乡村旅游事业推进过程中占据主导地位，主要表现在政府将乡村旅游当作一项政治任务或是公益事业来做，将社会效益放在经济效益之前。具体的表现是政府一方面为家庭旅游业从业人员提供相关培训工作，另一方面为当地农户提供改组基金和建设指导。这种旅游开发模式的帮扶效果极为显著，但是成本较高。总之，这种实践形式涉及的人员更为广泛，可持续发展的可能性很大。不过，这种模式首先应当提高农民的自觉意识，同时，对政府的总体规划、贷款能力、协调能力、指导培训和监督等方面提出了较高要求。

综上所述，在不同的经济基础和社会环境下，各国乡村旅游扶贫模式各有特点，但基本上都是以当地村庄的利益为出发点，根据当地特色来开展相关的旅游扶贫实践，进一步实现可持续发展。

（二）国外乡村旅游扶贫模式设计的依据因素

1. 因地制宜

乡村旅游扶贫模式因地域的不同而有所变化。在具体的实践过程中，往往没有固定的模型，具体到乡村旅游扶贫实践过程中，多样化和灵活性已经成为乡村旅游扶贫模式的一大趋势。

2. 社区参与

在过去的几年里，政府承包开发的趋势在退化，强调地方企业与社区参与正成为一大趋势。在乡村旅游扶贫实践过程中，政府从主动干预转变为指导和监督，通过社区参与提高贫困人口的生活水平。立足于长远利益角度，社区参与在未来乡村旅游扶贫中所起的作用将越来越大。

3. 可持续发展

在任何一种扶贫模式中，无论是生态环境还是地方特色文化，乡村旅游都强调整个扶贫的原真性，而乡村固有属性才是最重要的吸引力，这种可持续发展的开发至关重要，同时，这也是基于当前背景下最具有经济效益、社会效益的必然要求。主体无论是政府还是其他，都应该通过引导和监督体系的构建与完善科学开发乡村旅游资源，促进当地经济水平的整体提升。

4. 产品和组织的多样性

随着消费需求的多样化，消费者对旅游产品的多样化、参与活动的丰富性、内容的多样性和差异性的需求越来越大，同时，这也对农村基础设施、公共服务体系的完善等提出了更高的要求，这些都需要新的农村旅游规划和更具发展力的路线和模式。以旅游商品的设计为例，应当以行业经验和专家意见为基础，兼顾旅游活动的多样化、发展过程和发展形式，从市场需求和市场真实基础出发，并从旅游商品设计的角度开发更符合消费者心理需求的产品，逐步提升消费者的心理体验感。从旅游者角度，在具体实施中应积极考虑现代休闲度假发展理念、大胆改革的方式、创新发展的主题和产业融合发展的多重目标，进一步实现旅游业发展、农业增长、农村发展。

5. 平等参与

在旅游扶贫合作中，旅游参与者由于各自定位问题，往往会出现参与强度的问题，强调个体参与人的经济效益很难达到理想的效果。旅游扶贫模式是以各利益相关者的基本权利为基础的，特别是直接受益方，只有保证各相关方之间的相互关系，才能保证旅游扶贫的效率。

【案例一】日本乡村旅游开发

从日本乡村旅游发展的角度来看，由于经济发展、资源和旅游发展理念的不同，不同地区的旅游产品开发存在较大差异。在发展旅游业振兴地方经济的背景下，各地区特别是经济落后的山区，应当努力利用现有资源，利用新的旅游资源，发展一些有价值的旅游业。在民俗博物馆等文化设施建设方面，当地人力资源丰富（如故事、传说等），借助丰富的资源进一步完善了当地文化设施，提升了旅游辐射面。而在其他政策方面，日本政府采取了一些支持措施，包括以下几点内容：

为了促进旅游业的发展和农村地区的经济发展，日本政府出台了一系列法律文件来促进"稀缺"农村地区的经济发展，如根据当地实际发展情况与资源开发情况，出台了《大雪地带振兴法》（1953年）、《过疏地区对策紧急措施法》（1965年）。与此同时，作为该制度的一部分，日本开始将其与农业和住房结合起来，建设更多具有当地特色的民宿馆，以农家民宿为重点进一步发展当地旅游经济，吸引更多的游客前往。

支持农村产业（渔业）转型。20世纪60年代以后，随着日本经济的发展，日本的沿海渔业有所减少。然而，到海里钓鱼和海浴的游客数量急剧增加。一些沿海渔村看到了"商机"，于是开始转变思路和观念，在休渔期间，小渔船被改装成游船，供喜爱垂钓的游客自由使用。随后，沿海当地的政府找到了发展机会，增加了对当地休闲渔业的投资，同时增加了对当地的财政支持，并给予当地渔业组织和协会一定的优惠政策，一些沿海当局设立了垂钓中心，以组织和规范渔业市场，开发渔场资源以及开辟新的渔业市场。

1992年《绿色旅游法》颁布实施，不断推进农业资源绿色旅游。积极管理和建设一些现代观光农业园和市民园，把原来简单的水果生产和旅游开发结合起来，与此同时，还将市民的假期与购物和工作教育结合起来，极大地促进了当地经济的发展。

【案例二】法国乡村旅游开发

在法国，大多数游客到乡村都是为了追求自然和宁静，想远离城市生活的巨大压力，呼吸新鲜空气，欣赏自然景观，品尝地道的乡村美食。因此，法国非常重视乡村旅游产品的多样化、体验性和真实性，基于此，更可以根据不同旅游者的需求来创新发展法国乡村旅游多元化的产品体系。比如，休闲农场体系包括旅馆、农产品市场、点心农场、赛马场、教学农场、探索农场、狩猎农场、露营农场、家庭农场和其他产品类型。住宿设施包括别墅、城堡、乡村旅馆、家庭旅馆等，这类注重体验的娱乐项目丰富了法国乡村旅游形式。

例如，农场有食品检测、烹饪培训、农产品采摘、园艺培训、动植物装饰等专业项目，游客通过观览活动以及亲身体验等，可以参与到葡萄酒生产的全过程，并在体验过程中进一步感受葡萄酒的历史以及文化，学习品酒和葡萄酒搭配等；而在参观法国独具特色的古城堡过程中，可以进一步了解法国的历史、宗教、建筑、艺术等，依托文化的讲授与传播进一步体验旅游的价值；依托当地乡村的旅游整体推销核心以及独特的卖点，逐步建设成为更重要的旅游景点。乡村旅游的吸引力更大程度上取决于乡村本地的生活方式、劳作模式以及价值观，这些都和身处城市地区的人有一定的差异，这种悠闲自得的形式是吸引众多城市游客参与到乡村旅游中的关键要素。体验不是通过单一的娱乐活动来实现的，而是通过游客与乡村生活的整体接触来实现的，其中，与农民断断续续交流的体验是游客最难忘的，根植于乡村文化中的乡村特色是乡村旅游发展的基础，所以要充分利用农业文化和乡村大众文化进一步发展旅游经济。然而，随着乡村旅游的发展、游客的增加和非乡村文化的逐渐渗透，乡村文化必然被异化和弱化，故而在发展战略上，必须高度重视乡村旅游自然文化传统的保护，即保护乡村旅游的"乡村本性"特色，在此基础上进一步实施相关旅游策略。

"乡村本性"的特征之一是真实性。地道的地方特色是法国乡村旅游产品的重要特色之一，法国农场出售的主要农产品必须是当地农场所生产的新鲜食品，其生产和加工必须在农场内进行；为了呈现农村食品的美味，也必须使用当地的烹饪方法；农场的外观必须符合当地建筑风格，切实给予游客最真实、最惬意的乡村旅游体验。

【案例三】荷兰发展组SNV的可持续旅游与尼泊尔Humla扶贫实践

Humla是尼泊尔特困区之一，按国际贫困线标准，几乎所有居住在那里的人都是极贫困的人，但其作为一个旅游目的地，自然具有独特之处，正如SNV区域合作项目对它描述的那样，其旅游的主要吸引点是通向Kailash山的马帮线路，该区域具有美丽的自然风光，多样的生态系统、河流湖泊、文化村庄以及古老的寺院等。在 Simikot 与 Hilsa（Humla 和西藏的边境）之间形成一条最易到达 Kailash 山和西藏的 Manasarovar 湖的通道。这是来自印度和尼泊尔的佛教信徒最重要的朝拜点之一。但是，作为旅游目的地，它所要解决的困难还很多，包括位置的偏僻，旅游产品的欠缺，旅游市场的难以进入，满足游客期望能力的低下，缺乏正式部门、非正式部门与地方供给的联系，缺乏旅游市场的进一步细分等。

SNV 的区域合作项目是从 1999 年 10 月至 2002 年 9 月，为期 3 年。可持续旅游是 SNV 发展项目的一个组成部分，其目的是以对文化和自然环境的最小负面影响，在尼泊尔不同项目区域中对目标群体产生最佳的附加收入和就业机会。SNV 认为可持续旅游开发项目的特征为：地方社会经济发展；可持续利用自然资源；尊重地方文化；开发和管理以自然和文化为导向的旅游。

有利于贫困人口发展的旅游（Pro-Poor Tourism，PPT）是当前国际社会普遍认同的旅游减贫理念，结合当地的资源环境来看，发展旅游产业带动当地人民脱贫、发家致富是一条很光明的道路。

SNV 可持续旅游开发项目有利于贫困人口脱贫致富，因为他们把重点放在授予 Humla 人以经济和社会的权利。而 Humla 是尼泊尔特困区之一，SNV 认为，他们的工作就是有利于穷人的：旅游产品的开发将给穷人带来好处，能力建设将建立旅游区与国家旅游部门的联系，为游客和马帮旅游公司提供当地的服务与产品。

早在 1985 年，SNV 已开始进行 Humla 开发前的一些准备，包括拓宽马帮线的路面，用骡子、牦牛在危险小径中开路，以及沿线的饮用水供应和微型小水电的修建等工作。

区域合作项目者的地方合作者——非政府组织，如妇女福利社会、Humla 保护和发展协会、乡村发展项目和雪地整合发展中心等进行社会动员，鼓励、帮助以社区为基础的组织进行形势分析、行动规划、项目开发、项目监控和报告。此外，还帮助以社区为基础的组织与内外服务供应者建立合作，这样当非政府组织的直接帮助逐渐减少后他们自己可以计划、执行、操作和维护，直到项目结束。

以当地的资源为依托，推进可持续旅游，通过提高社区的组织水平、进行社会动员及加强由此带来的推动作用，为原先处于贫困状态的人特别是妇女提供认识和利用经济机遇的机会，为当地贫困人口提供更多工作机会。

二、基于国外视域下旅游扶贫实践所产生效应的思考

（一）经济层面效应分析

大多数研究表明，旅游业可以为贫困群体创造就业和收入机会，促进当地小企业经营，从而提高贫困群体的生活水平。然而一些研究表明，贫困地区的经济基础差，外资占旅游市场的大部分，贫困地区的经济效益有限，这种现象在发展中国家相关区域尤其明显。泰勒开展了库克岛的旅游发展系列研究，结果表明小岛屿发展中国家和地区对旅游业的过度依赖，进一步致使当地旅游产业失去了生存方向与生存空间，特别是当地旅游业容易受到国际垄断组织的控制，经济漏损正在逐步扩大，贫困人口并没有获得经济效益。

（二）环境层面效应分析

旅游对贫困群体的影响还体现在对当地生态环境的改变，通过旅游扶贫所采取的一系列生态改造措施既对当地环境造成了积极影响，也会不可避免地对当地环境造成负面影响。一方面，旅游扶贫所产生的积极影响主要体现在对当地的基础设施、交通、医疗等方面，有效提升当地贫困地区人口的生活水平，大幅改善生活环境；另一方面，旅游扶贫所导致的负面影响有其不可避免性，主要表现在旅游资源的不恰当开发使当地贫困人口失去对当地土地的利用，导致之前的生活方式受到威胁，人们的收入来源途径减少。沃尔（Wall,1996）分析了巴厘岛中8个典型乡村的旅游发展后指出，大量旅游接待设施的建设占据了大片有价值的农田，消耗了大量的水资源，当地人从旅游发展产生的机会中获取的利益不能弥补损失——农田减少，灌溉能力降低，以自然资源为基础的生存产业受到影响，并直接威胁到当地人的生产能力。在山地旅游区，森林退化对贫困人口生活具有重要影响，格鲁昂（Giimng,1991）对尼泊尔的加奥里

帕尼（Ghorepani）地区研究发现，当地森林覆盖面积以每年1公顷的速度减少，森林资源的减少使当地妇女很难收集薪柴和其他物品。

（三）社会文化层面效应分析

乡村旅游扶贫所带来的社会文化的变化对贫困人口生活与发展也会产生一定影响。尼科尔森对菲律宾棉兰老岛的旅游发展情况的分析显示，如果旅游发展过程中没有针对性解决当地的贫困问题，贫困地区快速扩张的旅游发展以及商品化的趋势将会使当地贫困人口走上犯罪的道路，破坏当地淳朴乡风。除此之外，发展乡村旅游虽然会保护当地的一些文化、建筑遗产，但是大部分只是单纯地保护了文化的物质载体，商业化趋势的过度扩张会进一步损害当地具有悠久历史文化本身的灵魂。然而，旅游的这种消极影响也并非一成不变，而是因地区传统文化和宗教信仰的不同而不同。在印度尼西亚布朗姆·特格·塞莫卢（Bromo Tengger Semeru）国家公园的旅游发展中，由于当地的文化同一性和单一的宗教信仰，比较排斥外来者，外来者很难购买到土地兴建饭店和其他旅游设施，几乎所有的食宿设施都是由当地人提供，因而并没有发现消极的文化影响同旅游相关的明显证据，宗教和社会结构保持完整，年轻人没有表现出传统文化上的衰弱。

无论是经济影响，还是社会文化以及环境层面的影响，都会对当地乡村旅游发展情况产生影响，其中既有正面影响，也有负面影响。因此，在开展旅游扶贫过程中要联合多方力量，采取多种措施减少旅游扶贫所导致的负面影响，进一步合理开发生态资源，最大限度发挥旅游扶贫的作用。

第四节 国内视域下乡村旅游扶贫困境及出路分析

一、国内旅游扶贫的困境与出路

乡村旅游以其强大的产业活力、强大的造血功能和巨大的驱动力，正在成为一股新的扶贫攻坚力量。在我国目前的旅游扶贫实践

第三章 基于国内外视域下乡村旅游扶贫发展历程及实践研究

中,主要是基于凯恩斯主义和新自由主义的劣势区域发展政策,这两种区域发展政策认为,区域经济发展的关键在于资本的快速积累,劣势区域发展有赖于自上而下、由内而外的发展资本的注入。因此,政府主导并依托市场运作逐步成为扶贫实践的关键所在,在具体的实践过程中,政府资金的投放以及政策的指导,能够进一步支撑现代化要素的开发,促使乡村周边旅游资源的快速转化,进一步加快贫困地区现代化发展进程。但是这种多借助外部动力发展本地经济的方式,易于使当地社会行动机构更加被动。

在当前的旅游扶贫实践中,形成了政府主导、市场运作、社会参与的社会分工,形成了以"农户+旅游公司"为主的农村旅游扶贫模式。在旅游业和社会参与意识方面,贫困居民是当地的主要利益相关者,在以政府和外部资本为主导的旅游资源开发过程中,当地贫困户多处在被动位置,在从旅游资源开发中获得收入的同时,也要承担更多的资源消耗、生计破坏的代价,使当地浓郁的乡村风格与功能逐步丧失,当地的社会生态系统正参与到旅游现代化的快速而全面的进程中。贫困地区的旅游经济难以延续,发展势头不是特别强劲,过于注重眼前经济利益的获取,在此种狭隘的工业经济中,过分夸大居民眼前收入和物质福利,忽视个人权利体系及保障个人收入和基本需求的能力。因此,旅游扶贫难以发挥长远以及实质作用,最终可能危及贫困地区旅游业的可持续性发展。

因此,有必要对当前各贫困地区旅游扶贫实践进行理性思考,进一步重构旅游扶贫的理论机制,以此优化旅游扶贫实践。伦理经济学家阿马蒂亚·森由此构建起可行能力发展理论的伦理基础,把发展的不同方面如经济、社会、政治统一于一个相对完整的逻辑框架之中,强调发展就是人获取可行能力这一论断。这一理念的提出与党的十八大所提出的经济建设、政治建设、文化建设、社会建设以及生态文明建设"五位一体"的发展思路一致。从阿马蒂亚·森的角度分析,旅游扶贫在实践中存在的问题主要是由于在实际的发展过程中,贫困地区居民权利匮乏,进一步导致其可行能力低下。因此,旅游扶贫的关键不在于依靠政府和外部资本等外部因素,而要同样注重当地居民的权利诉求,进一步实现旅游经济的可持续发展。

◎基于乡村振兴背景下乡村旅游扶贫研究

　　阿马蒂亚·森的可行能力思想，在20世纪90年代所形成的新区域主义中占据重要地位。新区域主义强调区域政策必须集中于调动区域内部力量和竞争优势的培育上，强调借助政策来支撑区域旅游经济的发展，进一步培育可持续发展能力。具体到乡村扶贫领域，可行能力理论所给出的启示有以下几点：第一，我们必须认识到，旅游扶贫不仅是一项政治工程，而且是一项重要的社会工作，与当地民生息息相关，同时，政府并不是旅游业扶贫的唯一主要组成部分，要尽力避免旅游业的"一揽子"反贫困措施，明确政府的支持作用，而不是完全的领导地位。第二，改变政府主导的地位，要避免政府资金和外部资本过度侵袭当地贫困地区人们的发展空间，要在市场运作以及政府主导的过程中寻求平衡点，政府更多的作用应当体现在给予更多贫困地区居民旅游发展的空间以及政策保障。第三，贫困主体之间存在责任界限和权力依赖的模糊性，随着当地旅游业发展能力的提高，政府必须将原先承担的责任移交给私营部门、社会组织和当地居民，以此减轻旅游扶贫主体间的权力依赖。第四，要逐步减少各级地方政府的直接干预，激发创新精神，积极通过加强政策、知识管理来提高相关人员的认识和组织能力，以及培育多样化的当地旅游业，加强贫困地区人民参与扶贫和自我发展的能力。

　　因此，通过对此次扶贫实践的反思，可以进一步探究出当下的旅游在扶贫实践中表现出旅游资源的极度消耗、自然环境的破坏和乡村风光的消失现象背后的原因，为了促进旅游扶贫活动的健康可持续发展，我们必须在传统经济理论的基础上审视旅游业和经济增长，从更广阔的视角看待旅游扶贫工作，采取科学的理论指导进一步实现旅游扶贫的目标。当下，应当从扩展贫困居民可行能力和全面小康的"五位一体"的广阔视角审视旅游扶贫工作，依托阿马蒂亚·森伦理经济学和新区域主义这一旅游扶贫政策的理论基石，逐步构建旅游资源的自然属性，推进当下各地区旅游经济的持续、长远发展。

二、旅游扶贫实践中存在的问题

（一）思想认识不足

在旅游扶贫实践过程中，对旅游扶贫思想认识不足的情况主要表现在以下两个方面：一是对旅游扶贫的认识还没有达到公认的先进水平，片面地将"旅游"看作简单的"游山玩水"，没有真正将旅游与当地经济发展以及脱贫等联系在一起。二是对旅游与旅游发展的区别认识不足，同时对贫困规律认识不足，这种思想上所存在的认识误区不利于后期开展相关旅游扶贫实践。旅游扶贫是整体工程、社会工程，与简单的旅游开发活动有着不同的属性和目的，其产生的理论基础是共同富裕的根本原则，现实基础是全面建设小康社会的宏伟目标。同时，旅游开发也是一项经济工程，强调通过旅游实现经济效益，然而在现实中，将旅游扶贫片面地等同于旅游开发，忽视了旅游扶贫当地贫困群体的实际情况，扶贫效果并不理想。

在乡村旅游产业发展过程中，很多人对乡村旅游的整体理念认识不到位，缺乏对乡村旅游的整体认识，忽视了乡村旅游的真正意义。许多人认为乡村旅游仅仅是果园、牧场、菜园、农田等场所的诞生地和使用地，建设一系列娱乐项目即可，但是这种简单、统一规格的旅游项目建设毫无特色，内容缺乏个性以及深度。对乡村旅游理念的认识不足，阻碍了乡村旅游产业的发展，许多游客对乡村旅游没有特别浓厚的兴趣。因而，必须依托当地的特色开发独具一格的旅游目的地，来吸引更多的游客光顾，逐步形成较为完善的产业链，提升乡村旅游经济发展效益。

（二）精准化程度不高

在乡村旅游扶贫实践过程中还存在扶贫精准化程度不高的问题。由于旅游发展的本质属性，旅游开发活动的主体多是开发商还有一定经济基础的当地村民，贫困户大多被排斥在旅游活动之外，并未成为旅游开发活动的主体及主要参与者，但贫困户也和旅游开发者一同承担环境开发所带来的负面影响。因此，旅游业的发展要注重精准扶贫,要对贫困人口有精准认识,切实做到让更多的贫困人口得到实惠帮助,缓解当地居民的贫困状况,并为其提供更多的就业机会。

(三)旅游资源开发不合理

贫困地区旅游资源往往存在过度开发的问题,对当地环境造成生态层面和人文层面的破坏。与此同时,由于贫困地区经济基础相对滞后,迫切希望脱贫致富,在旅游开发过程中会过多地注重当下利益,一味进行资源开发,导致旅游资源的开发不合理,对于该地区缺乏长期以及规范的规划,导致资源浪费情况严重,单纯模仿其他景点,追求高利润项目,大肆兴建各类观光娱乐设施建设,破坏了乡村的风貌、静谧、自然风光,使贫困地区旅游扶贫效果不突出。

(四)社区收益度低

由于贫困地区群体居民文化素质、文化水平相对较低,知识水平有限,也缺乏一定的服务技能,难以以主要参与者的身份深入扶贫旅游脱贫过程中。具体来说,主要表现在以下两个方面:一是当地居民受教育程度低,受生活方式、风俗习惯等因素影响,服务意识淡薄,管理人才和管理能力不足,会出现经营管理不善的情况。二是社区居民的服务意识低,在旅游行业的各个环节,如餐饮服务、客房服务、烹饪制作、导游讲解等都缺乏必要的培训,提供的服务水平低,与投入相比难以获得足额的回报。

(五)政府定位模糊

在各地的旅游扶贫中,政府要么全程包揽,要么没有作为,总体而言,政府定位存在不清晰的情况。具体地说,许多地方政府扮演着无所不能的角色。从旅游发展的可能性来看,政府将从旅游景点宣传中接手旅游扶贫措施的提出、旅游启动机制的建立、旅游商品的提供、资金的筹措、旅游人才的提升等,一是财政成本负担过重,二是没能激发当地贫困群体的参与性以及自主性,并不能实现旅游扶贫的长远发展。另外,在一些地区,政府对旅游扶贫工作漠不关心,任其发展,无法解决市场的不足和提高贫困人口的能力,扶贫工作效果很差。

(六)旅游扶贫开发重城市化

一些贫困地区的群众在利益的驱使下只注重开发,却忽视了环境保护,利用牺牲自然资源和当地环境的不合理开发方法,盲目扩大旅游规模,将其置于不受保护的环境中,没有意识到人文环境与资源的可持续利用。同时,在旅游扶贫开发过程中过于偏向城市化,丢弃了当地固有的原始、古朴、天真、自然、宁静这些旅游特色,更是克隆其他景点,建设大量的观光设施、酒店、陵园和各种娱乐设施,把城市的现代化建设简单转移到旅游景点上,这种旅游扶贫模式不能吸引更多的游客参与进来。

三、乡村旅游扶贫的出路

(一)在政策的引领下发挥政府主导作用

国内外的旅游经验证明,政府在旅游扶贫工作中发挥了重要作用,同时,政府在旅游扶贫工作中既不能全局包揽,也不能任由其发展,要把握好"度"。政府主导的旅游扶贫模式是一种有效的扶贫形式,旅游业需要大发展,必须强化政府主导的发展战略,加强道路交通、电信、电力等基础设施建设,发挥主导作用,提供必要的政策支持。与此同时,还应当考虑环境保护问题,借助与环境有关政策的发布与实施,保障贫困地区旅游业的可持续发展。贫困地区的旅游资源源于自然,只有保证了环境的可持续发展,才能充分借助自然赋予的资源优势进一步发展乡村旅游经济,因此,要加强旅游扶贫的可持续发展和建设,根据正确的发展战略,加快贫困地区经济建设,提高贫困地区居民生活水平。

以西宁大通县斜沟乡为例,其地处半脑山半浅山地区,全乡7个村中就有4个贫困村,贫困户达264户。2016年,精准扶贫工作开展以来,斜沟乡政府决定以发展农家乐、自助游和度假休闲游、自然观光游为定位,依托上窑洞庄村优美的自然风光,探索一条乡村旅游产业,引领村民创业增收。在政府相关政策引领下,村民利用自家小院开办农家乐,并积极实施"美丽乡村""环境卫生整治"等项目,村容村貌得到改善,游客慢慢多了起来,大家实现了在家门口就业、在家门口挣钱,柏木沟景区也初具规模。自精准扶贫工作开展以来,西宁大通县斜沟乡以发展农家乐、自助游和度假休闲游、自然观光游为定位,将乡村旅游产业作为引领农民创业致富、壮大农村集体经济的重要渠道,在扶贫对口单位的协助下,大力发展柏木沟景区乡村旅游扶贫产业,将"精准扶贫、精准脱贫"与"村集体经济破零"紧密结合,利用两年时间,使全乡4个贫困村全部脱贫。

为了将柏木沟景区旅游产业继续扩大,2017年,斜沟乡争取资金在下窑洞庄村投资建成了360平方米度假园主体工程和1座文化产品展销中心,改造农家乐5户、停车场1处。并与青海华德集团签订承包合同,投资建成了大型餐饮生态园,解决了不少贫困户及剩余劳动力的就业问题。在此背景下,乡党委政府在东西部协作资金的带动下,将继续加大基础产业和基础设施的建设,整体提升柏木沟景区的旅游品位,增加当地群众的旅游以及相关产业的收入,巩固脱贫攻坚成果。总之,处于贫困地带的乡村若想真正发展,需要在政策引领下积极发展乡村旅游扶贫产业,切实带动农村经济发展,帮助村民增收致富。

(二)提高贫困地区民众对旅游扶贫的全面认识

旅游扶贫不仅要认识到扶贫的意义、作用和效果,还应当将旅游扶贫与简单的旅游开发做好区分,借助不同部门之间的合作创新,共同推进旅游扶贫工作的开展。多个部门首先应当提高当地贫困地区群众对"旅游扶贫"的思想认识,并将精准扶贫理念贯彻于旅游建设过程中,建立符合当地发展情况的精准扶贫体系,并借助科学的旅游贫困规律、乡村改造方案等解决各个贫困地区存在的发展困境,推动当地旅游扶贫工作精准进行。除此之外,在精准扶贫过程中,对于无力参与旅游发展的弱势群体,要设立一定的扶贫保障机制,以设立乡村旅游社会保障基金等形式,为弱势群体提供生活保障;对有能力但是缺乏启动资金的贫困地区人员应当给予一定的金融支持,出台系列政策来鼓励其参与到旅游扶贫的建设项目中,在此基础上，积极为没有服务技能的人员提供培训。总之，要对旅游扶贫中的贫困人口实施精准扶贫，并为其普及与之相关的事项，做好多元扶贫以及动态管理等工作。

在提升贫困地区民众对旅游扶贫工作认识的过程中，还应当做好全面统筹以及科学规划工作，对当地环境进行综合考量，将扶贫工作放到区域地理环境以及整体经济社会层面进行总体考虑，推动贫困地区经济发展。

河南省制定了"1+4+N"旅游扶贫规划体系，规划、审查、编制贫困市旅游扶贫规划方案，围绕大别山、伏牛山、太行深山以及黄河滩区四个贫困集中地区出台旅游扶贫规划方案，提交贫困扶贫规划方案图、各村计划和责任清单等。与此同时，制定贫困村旅游覆盖规划。此外，在旅游项目上，以经济政策规划、政治建设规划、文化建设规划、社会建设规划、生态文明建设规划为工具，引导外部资本参与合作规划。农村社会发展的目标是农村现代化，要进一步厘清农村社会发展的思想脉络，通过提供更多的发展建议，给予贫困地区民众一定的金融支持以及技术支持，让更多的贫困户成为旅游扶贫的参与主体，促进农民收入增长。总之，要做好贫困地区的资源开发规划等工作，促进贫困地区经济的可持续发展。

（三）进一步推动旅游扶贫的体系发展

旅游扶贫没有固定的模式，这是由于各地的地域特色以及需求不同，各地的旅游扶贫方案的选用应当有所差异，所以相关单位在开展旅游扶贫工作时要充分意识到这一点，要积极通过规划扶贫、持续扶贫、培训扶贫、集成扶贫、政策扶贫等全方位推进贫困地区扶贫工作的并举，深化开展扶贫工作。为了进一步推进旅游扶贫，应当构建更为完善的扶贫体系。要着力解决农村经济问题，相关部门应当对每个贫困村庄及其周围情况有比较详细的了解，便于后期开展扶贫工作。每个贫困村不是独立存在的个体，而是与周边的区域环境密切相关的，在实施具体的扶贫规划时，必须了解其大环境，才能够进一步根据环境特点开展工作。当然，在总结旅游贫困农乡发展的典型经验时，我们应关注过去发展过程中遇到了哪些典型问题，采取了什么样的解决方案，摸索的过程经验等，要最大限度发挥典型案例的作用，为其他贫困村提供有益的借鉴和启示。

例如，山西省作为全国脱贫攻坚的主战场之一，聚焦产业扶贫，让山庄窝铺搬出来，陡坡耕地退下来，荒山荒坡绿起来，贫困劳动力转移就业走出来，大力发展乡村旅游，进一步构建了更为完善的旅游扶贫体系。山西省临县大山深处有一个偏僻的小山村，叫罗家山。罗家山山峁相连，沟壑交错，许多年轻人携家带口去外面打工，村里剩下的都是一些上了年纪、腿脚不灵便的留守老人。如今罗家山成立了红枣专业合作社，同时与各大电商平台积极对接，打造红枣认领模式，通过互联网让产品走出大山。当地贫困人们有了收入，纷纷回乡建设家乡，逐步走出一条以绿色发展攻坚深度贫困、推动乡村振兴的新路子。

再如，忻州市蛤蟆石村依山而建，坐落在佛教圣地五台山脚下清水河河畔，是五台山风景名胜区的南大门。全村户籍人口128户283人，总面积4平方公里，其中耕地面积86.57亩。2014年，识别建档立卡贫困户26户54人，贫困发生率19.1%，年人均收入2240元，村集体经济没有任何收入。脱贫攻坚以来，得益于扶贫政策和脱贫措施的精准给力，到2016年底，全村累计脱贫25户50人，贫困发生率降至1.5%，年人均收入达到4850元，村集体经济收入达到9万元，成功实现了"摘帽"脱贫。现如今，村民们的收入来源更加多样化，精神文化生活也更加丰富充实。充分利用当地地理优势，推动扶贫体系建设，为适应当地旅游发展需要，加快推进蛤蟆石村旅游扶贫工作，村两委将建设美丽宜居乡村作为整村脱贫的重要抓手，按照"环境美、生态美"的要求，村集体筹集资金240余万元进行了整村整治。先后拆除严重影响村庄环境的10间彩钢房、2个猪圈、7个牛棚400余平方米的临时建筑；硬化路面5700余平方米，街道两旁铺青石人行道1700平方米，打造了1000余平方米的绿化带；建起了占地1800平方米的3个停车场，方便游客车辆停放；打造了一个1600平方米的文化活动广场，铺建了长300米、宽6米的高标准通村亮化景观大道等。通过环境整治改善了居住环境，完善了基础设施，提升了生活质量，加快了通过发展旅游实现稳定脱贫的步伐。

正是由于乡村旅游并没有固定的扶贫成功模式，所以更应当根据地区的不同因地制宜，考虑到村里扶贫规划的特点，要准确、恰当地实施扶贫计划，对于实际情况较为复杂的贫困村落，要建立可持续的扶贫机制。为了进一步推进扶贫体系建设，除了发展旅游产业、拓展产业链之外，还应当联合高校大力培养与旅游扶贫相关专业的优秀人才，并开展相关的专业知识实践；除此之外，还要提高这些农村地区的发展能力，对当地贫困人群开展一系列的旅游扶贫培训，为当地人群提供适合旅游发展的服务技能和管理技能的培训，这种形式的扶贫比直接给予现金扶贫更有实际价值和意义。

四、旅游扶贫实践进一步优化的路径

（一）深化乡村旅游扶贫发展理念

在借助旅游扶贫促进乡村经济发展时，更应当科学发展关联产业带动当地整体产业发展，进一步实现整体扶贫目标。土地是经济发展最重要的因素之一，在发展贫困地区旅游经济时，应积极将旅游与扶贫结合起来，在贫困地区实施特殊的旅游政策，有助于进一步探索旅游地的改革创新理念，增强旅游扶贫的可持续性。此外，还应当在旅游发展潜力较大的贫困村加大投资、科学拓展产业，充分贯彻旅游扶贫发展理念，集成各类涉农资金，用于旅游开发，提升旅游扶贫实效。

（二）正确处理旅游扶贫各方关系

在旅游扶贫开发过程中，必须充分显示政府在扶贫进程中的作用。作为公共利益的代表，政府应把重点放在规划指导、政策引导、利益协调、市场监督管理和环境保护等方面，同时，还应当积极营造良好的旅游扶贫环境，建立健全咨询机制和利益保障机制，保障居民从旅游业的发展中受益；除此之外，还应当培育有活力的个人旅游企业，保护旅游企业的合法权益，增强旅游企业发展的活力，让旅游企业在旅游扶贫中发挥更大的作用。

（三）与其他旅游扶贫方式相结合

旅游扶贫是一种非常有效的扶贫模式，但由于贫困地区贫困形式的多样化和贫困的复杂性，单纯开展区域旅游效果并不十分明显。为了进一步促进旅游扶贫开发的效果，还应当积极引进各类扶贫体系，实现旅游扶贫与救济扶贫相结合，将旅游收入的一部分作为专项救助基金，对没有机会参与旅游业发展的贫困人口予以一定旅游扶贫基金加以扶持，或是作为救济金向当地没有直接收入的老、弱、病、残发放，真正扩大旅游扶贫受益面；还可将旅游扶贫与科技扶贫相结合，进一步提升旅游科技含量和大力发展特色产业。此外，还可以将文化扶贫、教育扶贫、金融扶贫、合作扶贫、产业扶贫等多种扶贫方式与旅游扶贫结合起来，提高乡村旅游扶贫的整体效果。

（四）做好当地生态环境保护工作

美丽的自然环境和丰富的旅游资源是贫困地区旅游扶贫开展的基础和要求。然而，旅游业的发展可能会对资源和环境产生影响和破坏，易使当地旅游扶贫开发失去基础。因此，必须加强对旅游景区及周边地区资源环境的保护，采取相关措施实现旅游扶贫的可持续发展。例如，积极构建乡村就业服务机构，设立清洁员、护林员、公益林管护员、生态林管护员等公益性岗位，聘用贫困劳动力让他们通过劳动获得稳定的收入，自力更生实现脱贫。这种方式还十分有助于加强资源环境保护的公众教育，有效做好当地生态环境保护工作，增强当地居民和游客的环境意识。除此之外，还应当科学制定资源与环境保护规划，进一步加大环境执法力度，真正实现让产业兴起来，让农村美起来，让贫困人口富起来的脱贫目标。

第四章 基于乡村振兴背景下的乡村旅游扶贫策略探究

第一节 基于乡村振兴背景下乡村旅游扶贫机制分析

一、乡村旅游参与机制研究

农村旅游扶贫的目标是使农村贫困人口在旅游发展中受益,增加经济发展机会。村民参与是扶贫旅游的有效途径,建立旅游扶贫参与决策机制、经营机制、农村文化生态保护机制、教育培训机制等是一项保证贫困地区群众参与旅游扶贫的重要措施。

(一)决策机制

我国大部分地区都采取"精英主导"的模式来拓展乡村旅游。政府、专家和旅游公司多处在决策者的位置,当地村民多是从事一些更基本的旅游娱乐服务,处在末端地位。事实上,当地村民应该是乡村旅游项目开展的真正主人,他们应该更深层次参与到乡村旅游发展中,为更多的旅游发展承担责任,他们理应了解旅游业发展对农村经济和文化发展多方面的影响,也应该有充分的发言权。

与外来的旅游公司以及旅游专业人员相比,当地居民对当地农村社会、文化、环境和资源有着更深的了解和认识，而这不仅能为旅游规划和开发提供民俗文化、风土人情、气候气象学、地质水文学等方面的情况，也能提供旅游资源的种类以及分布信息。所以，具体到贫困地区旅游扶贫项目启动以及后续开展过程，在规划和发展乡村旅游环节时，应当积极召开当地村民座谈会，向村民了解乡村旅游发展的情况和意见，并制定旅游相关措施，做到"听取民意"。与此同时，也应当平衡政府部门对旅游目的地、旅游企业的利润和村民的利益，调整多个部门之间的关系。通过强调村民在旅游政策决策中的地位，积极鼓励村民参与规划决策，调动村民的群众意识，进而激发更多的贫困地区群众自发脱贫致富，实现合作共赢。

（二）经营机制

参加式扶贫是减少贫困的有效方法，是国际贫困实践所证明的一种行之有效的方式。在农村旅游发展过程中，应遵循"效率优先，兼顾公平"的原则，建立合理的旅游管理机制。在发展旅游产业和建立旅游事业方面，有必要合理地确定国有企业和民间企业的比例，同时，还要根据村民、经济状况等各种因素为村民设置相应的环节和方法，积极鼓励他们参加旅游事业活动，通过在旅游景点招聘村民和促进当地居民自我创业等形式，保证当地村民的旅游收入份额。

当地政府应制定相应的政策制度，创造机会，促进更多居民参与到旅游开发过程中，全面激活农民经营积极性。例如，根据农民知识水平的不同和能力水平的不同，具有较高教育水平的村民可以从事旅游管理、行政管理等相关工作；对于文化水平较低的村民，可以安排其从事景区安保、清洁等工作，为贫困农民建立良好的发展机制，使其广泛参与到旅游产业的发展过程中。通过决策力和项目的实施，确保当地居民参加权、信息监督权、管理和维护权、评估和监督权等，发挥贫困农户在旅游项目扶贫开发中的主体作用，促使扶贫对象自愿、全面地参与到乡村旅游项目的各项工作中去。

农村旅游的发展不仅依赖于观光地的建设和发展，也依赖于改善农村基础设施和优化农村环境。从事农业生产活动的情景也能成为观光点，政府可以投入资金进一步引导村民通过对当地环境进行美化，获得相应的经济收入。鼓励当地居民开办地方企业，开发地方特色产品以及开展具有当地特色的文艺演出等，进一步扩大当地农民的收入。

政府应逐步建立起旅游扶贫信贷机制，为当地村民提供一定数额的融资和创业保障，充分发挥政府财政基金对贫困群众的领导作用；为鼓励旅游业者优先就业，政府也应当制定相应的方针，对于雇用当地贫困人口超过一定比例的企业可实行税收优惠等政策。

（三）农村文化生态保护机制

在农村旅游扶贫开发过程中，必然会对当地的生态环境和社会文化带来一定的影响。当地村民可能对这种影响没有深刻的认识，因此，建立文化生态保护机制是必不可少的。

1. 文化保护机制

（1）农业文化与现代文化的结合。农耕文化，是指农民在长期农业生产中形成的一种风俗文化，以农业服务和农民自身娱乐为中心。汉族农耕文化融合了儒家文化和各种宗教文化，形成了自己独特的文化内容，主要包括语言、戏剧、民歌、风俗习惯和各种祭祀活动，它是中国最普遍的文化类型。农耕文化使农民养成了勤俭持家的良好习惯和传统。现代文化是与市场经济相联系的，市场经济是在社会转型和转型过程中形成的。在发展乡村旅游时，要注意现代文化与农耕文化的结合，注意农耕文化与现代文化的互补性，充分发挥农耕文化的优势和劣势，不断汲取农耕文化的精华。将现代文化与农耕文化充分结合，完善农村文化设施设备，推动农村文化建设现代化进程。

（2）政府主导与市场运作的结合。在保护农村文化的过程中，要注重政府的协调作用，把握农村文化发展的方向和趋势，把政府的主导作用和市场的运作结合起来，为旅游扶贫提供更多的资金支持。要积极组织建设农村书店、文化广场、文化庭院、农村剧团等文化设施，鼓励企业参与农村文化设施经营管理；鼓励企业与村民合作开发农村文化特色旅游产品，共同推动农村文化发展。

（3）历史文化与民俗文化的结合。历史文化和民俗文化是发展乡村旅游的宝贵资源。在旅游业的发展过程中，必须将二者有效地结合起来，通过对其内涵的深入研究和利用，不断创造出新的旅游产品和旅游项目。首先，将历史文化和民俗文化的文化元素符号化，充分体现在乡村旅游景观建设和旅游标志装饰上。其次，利用农业景观和乡村环境，通过建设富有民俗风情的旅游项目和旅游产品，打造集休闲娱乐、民俗体验、餐饮住宿等功能于一体的民俗旅游村。最后，挖掘和保护村庄的历史文化和民俗文化，不断激发和培育村民的文化创造力，形成具有凝聚力的现代乡村旅游产品和项目。

2. 生态保护机制

生态环境保护是乡村旅游发展的重要组成部分。乡村旅游项目的开发使自然环境承载力不断提高，最终导致自然环境的恶化，自然环境的恶化又导致农村生产和生活方式的破坏，从而导致乡村旅游可持续发展的基础丧失。当地居民是实施农村生态保护的核心群体，所以要不断提高村民的环保意识，动员村民参与到当地资源的保护过程中。具体而言，可通过政府部门的宣传和指导，使村民认识到农村环境保护和治理的重要性，促进农村化肥的合理使用、生活垃圾的处理、农村土地利用的可持续发展。

（四）教育培训机制

村民文化水平低以及对旅游的不认可是发展乡村旅游扶贫的主要瓶颈之一，而教育以及培训是解决这个问题的关键。所以在贫困地区开展乡村旅游扶贫工作时，要首先通过宣传和教育手段，加深对村民旅游的正确认识，鼓励村民参与到旅游的开发中，充分提升其工作的积极性和活力，使之成为乡村旅游服务的主体。

1. 乡村旅游扶贫教育培训形式

乡村旅游教育的主体主要是政府部门、旅游组织、旅行社、民间组织和相关高校教师。培训形式也多种多样，包括举办专业课程、参观、服务比赛、野外作业培训等，在农村旅游扶贫教育过程中，应当充分考虑各种培训方式以及村民的能力，通过适当的方法和手段，将相关知识和技能传达给贫困地区旅游参与者。

2. 乡村旅游扶贫教育培训内容

乡村旅游扶贫教育的培训内容主要包括以下几个方面：首先，开展旅游知识讲座、技能培训讲座等，包括旅游基础知识、环保知识与技能、服务技能培训、旅游小企业管理培训、传统技术培训。其次，农村地区的普通话水平较低以及英语培训较少，会讲英语的村民所占比例较小，所以更应当加强这方面的培训。最后，还应当提升当地旅游扶贫参与者在电力和通信能力方面的培训，培养其管理能力，综合提高村民对旅游产业发展的参与层次。

二、乡村旅游扶贫利益机制

利益机制是调整乡村旅游扶贫开发过程中各主体的利益分配关系的一种机制，对于理顺国家、企业、村民三者的利益关系，优化各主体利益结构有重要作用，乡村旅游扶贫利益机制的完善是发展乡村旅游业的关键所在。对于农村旅游扶贫而言，多层次的农村旅游扶贫结构也会导致乡村旅游扶贫利益机制具有层次性，因而，在乡村旅游扶贫实践过程中，需要注重地方政府、旅游经营者和村民之间的利益分配。事实上，借助旅游业的开发进一步发展贫困地区，能够使当地开发商和当地少数握有资源的居民获得较大利润。真正贫困的群体缺乏资金支持以及资源支持，难以在乡村旅游扶贫过程中获取可观的收入，因而借助旅游业发展甚至可能会加剧贫困地区的贫困和收入不平等。因此，在乡村旅游扶贫开发过程中，要强调建立利益机制，充分挖掘企业、员工、生产管理者的专业性，尽可能地实现精准扶贫开发，尽可能地实现相对公平，让乡村旅游扶贫惠及更多的贫困群体。从当前乡村旅游扶贫实际开展效果及所存在的问题进行分析，农村扶贫的利益机制主要包括利益分配机制、利益监督机制、利益补偿机制和利益调节机制等。

（一）利益分配机制

世界旅游组织于1999年制定了《全球旅游伦理规范》，对旅游景区发展中利益相关者进行了界定。一般而言，乡村旅游发展的利益主体主要包括地方政府、旅游公司、当地村民、旅游者以及当地的生态环境和社会文化环境等。

　　乡村旅游扶贫利益分配机制主要由乡村旅游发展相关者在旅游扶贫开展过程中所做出的不同行为来决定。在实际的乡村旅游开展过程中，为了在利益分配过程中实现各方利益的最大化，并同时满足多方利益相关者的利益诉求，协调好各方利益的均衡分配等问题，相关部门管理人员需要在一开始的乡村旅游扶贫规划过程中，就将多方利益相关者纳入其中，并设立相对富有弹性的利益分配机制，实现各方利益分配的相对均衡，进而实现农村的可持续稳定发展。

　　首先，明确每个利益相关者的角色和地位。各利益相关者具有各自不同的作用，所以各利益相关者在乡村旅游发展过程中更应当明确自己的利益和责任，各司其职，在做好自己部门本职工作的基础上和其他部门相互协调、相互配合，共同开展乡村旅游扶贫工作。比如，政府部门必须调整、引导、规范乡村旅游开发的责任，制定完善的旅游发展规则体系，同时，不得过度干预旅游企业、村民所开发及经营的旅游活动等。旅游公司必须主动承担起自己的社会责任和环境责任，社会责任主要体现在经营过程中要有主动为当地村民提供工作场所和机会的意识，并通过岗位的设定优化资源配置，在提升企业经济效益的同时担负起自身的社会责任；环境责任主要体现在要确保环境保护计划和环境保护措施顺利实行，在开发当地资源过程中不应当以牺牲当地资源为代价。除此之外，村民要积极参与到乡村旅游开发过程中，发展实物资产、资金、技术、劳动力等多种形式的投资旅游，或是通过自主经营管理开展乡村旅游相关服务，广泛参与到所在乡村的旅游业发展和决策中。

　　其次，应当明确乡村旅游扶贫中经济利益和非经济利益的合理分配。利益相关者之间的矛盾主要集中在经济利益的分配上，乡村旅游扶贫开发的经济效益是通过旅游业与投资资本相结合，再借助旅游业与资本共同起作用，进一步吸引旅游消费者来获取的。在实际的乡村旅游项目开展过程中，乡村旅游的收入主要包括以下几部分：门票收入、经营收入、销售收入（旅游商品销售收入、旅游用品销售收入）、服务收入（餐饮服务、住宿服务、娱乐服务、交通服务）等方面。非经济利益则是指农村旅游扶贫开发过程中的就业机会、决策权、项目管理权等无形利益。经济利益和非经济利益能否实现合理分配，直接影响到乡村旅游发展后期的积极性和主动性。

比如，以山东省淄博市中郝峪村为例，该地通过分析发展困境，进一步采取"公司主导、村民入股"的机制，有效推进了当地旅游经济的良好运转。中郝峪村曾是一个贫困村，并且没有老宅子，也没有独特的山水资源。2003年开始，为了脱贫，一些村民自发搞起农家乐。后来，随着农家乐数量的增加，一些恶性竞争、欺诈客户情况出现，于是村里在2011年成立了幽幽谷旅游开发公司。依靠运营公司对村子进行统一开发、运营、管理和推广。村民将自家的田地、农家乐、餐馆等入股运营公司，与公司利益紧密绑定，从而拧成一股绳，形成运营上的合力。该模式一方面解决了乡村旅游的服务标准、项目建设、品牌推广等问题，另一方面还带动了村民共同富裕。为了促进村民的积极性，在公司里，村委只占21%的股份，剩下的都由村民以自己的房产、果园、劳动力等各种资产来入股。村民们除了经营收入以外，每年还会获得公司的分红。在经营上，公司统一负责村子的项目开发、运营和宣传。公司运营所有项目，按照承包方式分给业户，业户只负责搞好接待、服务工作，不得擅自接待游客。同时，所有项目价格全部由公司统一制定，所有单向收费都由公司统一收取。依靠统一化运营模式，这个曾经的贫困村如今每年经营收入将近3000万元。所以，为了实现双方的合理分配，必须保证政府、公司、村民等能够根据旅游开发中的权益获得相应的利润，满足其最开始的利益诉求。

最后，还应当积极建立乡村旅游发展公益金和公积金。为了尽可能实现利益分配的公平性，使其受益于旅游和发展，应将农村旅游扶贫开发收入的一部分作为农村旅游开发和储备的福利基金。一部分公益金用于农村平均分配，另一部分用于资助贫困户进行旅游创业的启动资金，作为进一步优化乡村旅游发展提供教育培训基金。具体到公积金，可以将其用于乡村基础设施建设和生态保护，使乡村在发展经济的同时能够做好生态保护工作，实现经济的可持续发展。

（二）利益监督机制

要发展乡村旅游，利益监督机制必不可少。利益监督机制主要是实现对乡村旅游发展的有效监督和管理，通过对乡村旅游的发展所带来的一系列影响进行监督，来逐步减轻其所带来的对社会、经济和环境的负面影响，扭转乡村旅游发展的不利局面，进一步获取利益相关者的支持以及促进乡村旅游发展向着更好的方面前进。乡村旅游开发的利益监督机制主要包括以下三方面的内容：

首先，乡村旅游扶贫的监督机制体现在村民的监督。在开展乡村旅游扶贫项目过程中，为了促进当地旅游经济平稳、有序发展，在村民内部也应当成立由其组成的旅游发展协会，通过有序的管理实现对旅游规划、旅游政策决策、旅游管理行为等进行监督，确保对当地乡村旅游项目做出正确的决策，进一步提升当地经济文化的长期效益。

其次，乡村旅游扶贫的监督机制体现在政府的监督。在开展乡村旅游扶贫项目过程中，政府部门起到重要的引导作用，政府部门通过对旅游公司的运营、开发行为进行审批和检查，并对行为进行监督，来实现当地旅游经济的健康运转。政府部门和旅游公司有不同的目标，政府将统筹发展经济、文化、生态等各方面，并兼顾旅游业的发展；旅游公司通常关注自身经济利益。因而，政府应加强对旅游企业的资源和技术合作，并采取相应的制度来约束旅游企业的不良行为，确保当地旅游扶贫项目顺利开展。

最后，乡村旅游扶贫的监督机制体现在环境保护监督机制的建立与完善。旅游业的发展会对当地自然环境和人文环境产生影响，因而必须建立有效的环境保护监督机制，保护当地农村环境。发展农村旅游扶贫必须把环境保护和资源保护放在首位，要完善地考虑到环境所能承载和负荷情况。除此之外，在环境保护监督方面，还应当成立由当地环保部门、村民、旅游企业、旅游开发区政府部门组成的环境保护监督小组，对项目进行有效的监督和评价。比如，针对农村观光旅游的环境质量状况，建立环境影响责任制，出台一系列旅游开发资源保护指南，提出"谁污染，谁破坏，谁治理"的基本原则，必要时提出整改措施。

总之，发展乡村旅游及实现乡村振兴，我们的愿望是增加旅游产业业态，确定发展方向，可以扶贫、富民，推动三次产业融合发展，也可以提升农村的公共服务水平，推动农业人口向市民化转变，推动"三农"发展等，更重要的是推动农村、农民、农业在土地或宅基地等诸多要素上的改革。因而，万万不能以牺牲当地生态环境来发展经济，要把握好保护与利用开发的力度。比如有的地方所谓的乡村旅游房屋，一味扩大规模，把农民住的几分地、几十平方米的房子，改建成几百平方米、高层的建筑物，建出来的房子更像主题酒店，是不合法合规的建筑物，不能合法经营。对于此类农村旅游扶贫中存在的问题，更需要相关部门加大监管力度，保护好当地赖以生存的生态环境。

（三）利益补偿机制

随着乡村旅游业的发展，利益相关者的不平等分配导致了诸多冲突，只有建立利益相关者合理的利益分配机制，才能实现乡村旅游扶贫的可持续发展。对当地居民实行利益补偿实质上是对旅游经营者、旅游服务提供者、当地村民和其他收入接受者之间的一种以交换为基础的支付关系。补偿机制的有效运用，可以促进旅游收入在不同主体间的合理分配，促进乡村旅游脱贫攻坚的顺利实施。此外，对地方政府、旅游企业等旅游经营者进行规范以及对当地村民以资金、技术、实物等形式进行补偿，并给予优惠政策，能够更有效地实现相对公平。具体而言，建立乡村旅游的适当利益补偿机制，应当包括以下方面：

1. 建立经济收益补偿系统

建立经济收益补偿系统，充分利用市场进行监管。在农村旅游发展过程中，要根据相关法律法规解决农民征用土地后再生产、生活重建的问题。土地征用补偿主要包括土地补偿费、安置补助费和树苗补偿费等。但是，在进行农村旅游的经济补偿过程中，要充分考虑土地布局、供需关系、社会经济发展水平等因素，采取金钱补偿和房屋产权置换等方式，进一步保障乡村旅游发展中失地农民的长远生计。

2. 采用多元补偿方式

在发展乡村旅游扶贫经济过程中，需要采用多种补偿方法，进一步实现对当地贫困群体利益的最大化保护。除了上述货币补偿和住房补偿外，还应当完善当地村民长远发展的补偿机制。比如，可采取直接补偿与间接补偿相结合、持续补偿与一次性补偿相结合等方式进行精准补偿，还可通过激励机制刺激村民的热情，为当地村民提供旅游政策补偿，鼓励农村旅游的发展投资。通过以上方法和手段，推进乡村旅游的可持续发展。

3. 建立补偿监管机制

在乡村旅游扶贫发展过程中，应该注意补偿监管机制的建立及完善。在实际工作开展过程中，应当明确乡村旅游发展中利益补偿的补偿对象、补偿范围以及补偿标准，同时出台一系列相关补偿规则，以期对农村旅游开发和村民带来实质上的帮助。在建立补偿监管机构的过程中，必须注意操作性和标准化的评价，不仅要加强旅游业者的意识和自我纪律，还要监督政府对资金管理的有效性。

（四）利益调节机制

在利益调节机制的设立方面，要充分发挥政府的主导作用和市场的主体作用，实现多名利益相关者的综合平衡，为市场经济下农村旅游的贫困开发和进一步发展做好保障工作。在利益调节过程中，我们应当秉持权利本位的原则，以及保护所有利益相关者的合理利益，通过竞争与合作来实现制度的制定，再次确认所有利益相关者都有机会参与旅游开发和利益分享过程。

所以，政府应当建立完善的信息收集和交换系统，打破信息的不对称性，通过保证村民在农村旅游开发中的正当权利和利益，来规范乡村旅游经营者的行动。政府、企业、游客和村民等必须实行共同治理。一方面强调利益相关者的多样化，另一方面强调利益相关者实行多主体共治，保证利益相关者互相交流、参加、合作。这样才能有效保障利益相关者的利益，实现多主体利益相关者的制约与平衡。

三、乡村旅游扶贫合作机制

（一）旅游扶贫合作机制的内涵及特点

1. 乡村旅游扶贫合作机制的内涵

旅游扶贫合作机制是以协议或合同为基础，将不同地区之间的旅游资源、行政资源、资金等进行各个主体间的重新配置及组合，进而实现经济效益、社会效益及生态效益相统一的旅游扶贫活动。

旅游扶贫合作的开展以地域紧密性、资源相似性、社会经济发展性、差异互补性等为基础，参与合作的多方主体共同制定旅游规划、建设旅游基础设施、开发旅游商品等。参与到旅游扶贫合作中的各个主体相互配合，共同营造良好的乡村旅游环境，进一步实现区域范围内旅游企业的连锁经营，促进旅游业的整体发展。旅游合作机制更加注重强调各旅游主体利益的一致性，进而保障社区旅游合作的实现和发展。

2. 乡村旅游扶贫合作机制的特点

（1）层次性。旅游扶贫合作具有层次性，在不同的层次上存在不同的旅游扶贫合作模式及特点。具体到旅游合作模式的开展，既有国家级层面的，也有省级、市县级、乡级或景区级层面的，不同层次的旅游有助于扶贫合作，而相关旅游的扶贫主体不同，不同层次的旅游主体也可以开展跨层级的合作，共同助力乡村旅游扶贫开发。

（2）多样性。旅游扶贫合作机制还具有多样性的特点，旅游扶贫合作的主体可以是政府、行业协会、民间组织或旅游企业。在区域内和区域间开展旅游合作的过程中，政府是旅游扶贫合作的主导。多主体合作对于旅游扶贫合作机制而言，既是机遇又是挑战，能够为旅游扶贫开发提供更大的动力。

（3）市场性。旅游扶贫合作的开展，就是要打破地方政府配置的市场结构，打破地方旅游发展的保护主义，打破地方区域体制的束缚，使多种旅游资源要素在区域内、区域间流动和组合，形成区域"互为旅游目的地,互为旅游市场"的旅游发展格局,进一步推进乡村旅游扶贫项目的进行。

(4)共赢性。发展旅游扶贫合作,主要是为了实现区域旅游发展的效益。利益驱动是乡村旅游合作发展的主要动力,随着乡村旅游的发展,旅游线路的网络化、旅游形式的规范化、旅游公司管理的进步,有利于实现区域旅游发展的多方共赢。

(二)旅游扶贫合作机制建设原则

1.政府主导,企业经营

在构建旅游扶贫合作机制过程中,应当充分发挥政府的主导作用,从政策制定和方向把握等方面发挥政府对旅游业发展的影响。通过政府主导,有效开展产业政策引导,制定与当地旅游业发展相适应的政策,拨付专项资金,制定旅游扶贫规划,改善和促进农村环境,促进旅游业的发展。同时,把乡村旅游业纳入当地社会经济发展规划,进一步加大招商引资力度,为各社会经济成分参与旅游业发展提供政策支持、金融优惠和税收优惠。除此之外,加快旅游基础设施建设,不断优化乡村旅游发展环境,从食品、住房、交通、旅游、购物、娱乐等方面整合旅游要素,促进乡村旅游产业发展,进而提升乡村旅游发展的综合竞争力。政府部门还可以考虑设立旅游开发公司,合理整合和包装旅游资源、旅游线路和景区,评估旅游资产,将国有资产和合营资产以股份形式转让给旅游公司。

在政府主导旅游业发展的同时,要鼓励企业全面参与到乡村旅游资源开发和旅游资源管理服务中,并积极采取市场化管理手段,激发乡村旅游发展的市场活力,形成乡村旅游扶贫发展的多种所有制经济。在旅游业内部,鼓励旅游龙头企业拓展业务,吸引境外大型旅游集团通过资本化运作注资入股;坚持旅游市场化,允许相关企业全面参与旅游投资、旅游产品生产销售和旅游服务管理,鼓励私人购买、参与旅游产权和租赁经营权,引导民间资本的有效利用,进一步增强乡村旅游业的效率和活力。

2. 主题引领，规划先行

在农村旅游扶贫开发过程中，必须充分考虑旅游规划的作用，当确定乡村旅游发展主题后，聘请专业公司编制乡村旅游扶贫规划。通过科学编制旅游规划，进一步协调相关部门的利益。在规划编制和评价过程中，将多利益诉求群体纳入规划编制领导小组和评价小组，赋予利益诉求主体充分的话语权和建议权。在旅游扶贫规划主体的选择上，国家级乡村旅游扶贫总体规划由国务院扶贫办和国家旅游局组织；地级市内跨县乡村旅游扶贫规划由地级市扶贫办和市旅游局牵头组织编制。

在制定乡村旅游扶贫合作机制规划过程中，要在全面研究乡村旅游资源开发利用中的制约因素和不确定因素的基础上，把握好乡村居民、旅游企业和相关利益相关者的利益诉求，再由地方政府提供旅游资源、旅游品牌来基本满足多元利益需求。同时，做好旅游营销、旅游产品、旅游空间布局等规划方案，从而形成乡村旅游扶贫开发的向心力和合力，利用乡村旅游扶贫开发的协同效应和效益，有效提高乡村旅游扶贫开发的效益，切实提升乡村旅游发展的综合竞争力。

旅游规划编制完成后，还应当组织专门机构或工作组，通过行政手段营造良好的合作环境，通过市场手段规范旅游企业的经营和投资，共同监督和推动旅游产业的发展，共同推动旅游规划的实施。需要注意的是，在开发过程中，还应当加强各部门间的合作，建立联席会议制度，多方协调推进乡村旅游合作机制的完善。

3. 资源共享，合作开发

区域旅游资源的开发利用取决于区域旅游资源的条件和经济价值，资源的经济价值取决于资源的丰度和品位、区域空间的位置以及资源与相邻区域的组合结构。旅游资源的互补性决定了旅游资源开发的叠加优势，也决定了旅游资源开发应着眼于整体开发，通过资源共享实现规模效应，形成复合价值，进一步吸引更多的旅游消费者。正是由于乡村旅游的历史文化资源与自然生态资源具有一定的互补优势，更应当通过整合多种旅游资源，打造复合型旅游产品，进一步增强乡村旅游的吸引力。

(三) 构建旅游扶贫合作机制的途径

1. 建立旅游扶贫合作机构

发展乡村旅游扶贫,需要建立国家、省、地市等层次的旅游扶贫合作机构。各级政府要成立"旅游扶贫合作领导小组""旅游扶贫合作办公室"等部门和机构,指导农村旅游扶贫工作的顺利有效开展。各部门出台相应的政策,共同协调解决乡村旅游扶贫过程中出现的生态环境和交通安全问题等,逐步推进乡村旅游扶贫开发,并设立旅游扶贫基金,用人才和资金支持乡村旅游扶贫项目,进一步发挥旅游扶贫合作机构在扶贫工作中的重要作用。

2. 充分发挥市场机制作用

在农村旅游扶贫开发过程中,要充分发挥市场机制的作用,积极探索与建立产品与市场相结合的管理体制,鼓励地方政府探索适合当地乡村旅游经济发展与经营的形式,进一步解决旅游业资源管理的分工、行政职能与企业行为的交叉问题。政府应当充分发挥行业协会的协调管理作用,鼓励和推进行业协会建设,促进管理职能社会化转变,提升市场监管和行业协调管理水平。放宽旅游市场准入制度,促进旅游投资企业、网络旅游企业、旅游规划企业等市场主体参与到乡村旅游产业中,进一步加快培育旅游市场经营主体,加强乡村旅游产业建设。

鼓励旅游企业转变经营理念,根据各旅游企业的经营特点,结合当地政府和主管部门的旅游扶贫开发规划,积极与其他旅游企业合作,建立互补合作关系,共同推动旅游扶贫合作开展。同时,要通过相关产业企业的合作和互补发展,促进旅游企业资源外流,采取多种形式的合作,扩大合作范围,提高乡村旅游的经济效益,如借助"资源—旅游开发商—旅行社"等相关产业链条上企业的合作和互补,有效促进乡村旅游朝着更好的方向发展。

3. 完善旅游资源整合机制

农村旅游扶贫合作开发必须树立旅游资源整合意识,通过举办培训班和研讨会等形式，相关工作人员可以更新观念，树立全局发展意识，在更高层次上把握区域旅游资源整合，以积极主动的态度推动乡村旅游各项目的整合。目前，我国乡村旅游扶贫中区域旅游资源整合仍面临诸多困难，需要政府交通、金融等部门的大力支持。

在乡村旅游资源整合方面，要按照农村扶贫的战略目标，整合区域旅游资源，精心设计乡村旅游产品，形成清晰的空间层次、高效的乡村旅游资源管理模式，不断提升区域旅游的整体竞争力。在此过程中，应重点关注旅游品牌的树立、区域旅游产品的创造和旅游线路的设计，通过合理的旅游线路，将各类旅游产品串联起来，打造综合互补的乡村旅游品牌，为乡村旅游的发展提供动力。

四、旅游扶贫机制创新路径

（一）精准旅游扶贫机制

扶贫需要因地制宜，特别是当前的旅游扶贫工作，更需要精准扶贫，一户一策，一村一业。对于适合旅游业发展的区域，应当积极改善资源配置，做好旅游扶贫工作。精准扶贫要坚持点、线、边结合的扶贫思路，以精准扶贫为工作标准，坚持输血与扶贫相结合，进一步把外部智力支持和内部自我动力驱动结合起来，突出贫困地区干部群众的主动性。同时，设立、扶持和鼓励旅游企业通过对口帮扶政策安排和吸纳贫困村民，对已确定的乡村旅游景区、星级农家酒店、农家乐等旅游品牌给予相应的鼓励和扶持，将扶贫措施与建档立卡挂钩，深入分析贫困原因，进一步为每户制定行之有效的帮扶措施。之后，集中力量，最大限度地提供支持，严格跟踪检查标准，完善退出机制，实行动态管理，对脱贫致富成功的贫困人口颁发荣誉证书，并出台一系列的鼓励措施。最终，通过精准旅游扶贫机制，实现贫困地区"真扶贫、实扶贫"，让农村贫困人口在参与乡村旅游发展中受益。

（二）互动保护机制

在扶贫开发和乡村旅游开发过程中，要注意旅游开发与资源保护的协调发展。其中,发展是主导,保护是基础,它们相互促进和制约。贫困村大多经济落后、相对封闭,但是环境却十分良好,不过与其他旅游资源相比,它们更为脆弱。因此,保护农村生态环境、民俗文化环境显得尤为重要。

发展乡村旅游将为改善人居环境、优化农村生态环境带来十分明显的效益。然而,随着旅游产品的不断开发和旅游人数的不断增加,乡村旅游发展也带来了一系列的生态破坏、环境污染等负面影响。在乡村扶贫发展过程中,当地居民是重要主体,因而要不断激励村民参与到旅游资源的开发和保护中,逐步唤醒其生态环境保护意识。一是树立生态环境保护意识,对违反有关环境保护法规、破坏旅游行政法规的旅游企业和单位征收环境补偿费,实现利益共享。二是建立社会化、市场化的环境资源保护体系,鼓励污染治理企业,进一步借助互动保护机制的良好运转促进乡村旅游经济的发展。

(三)可持续扶贫机制

在一般的农村扶贫活动中,救助只能暂时缓解村民贫困,只能起到一段时间改善农村基础设施的作用。然而,随着外部扶贫力量的撤出,贫困村民有时又开始"返贫"。因此,在乡村旅游扶贫过程中,扶贫和扶贫的可持续性是亟待解决的核心问题。

"家有良田万顷,不如薄技在身。"相关部门针对有劳动力缺技术的贫困人口,采取集中培训、远程培训或送教下乡等,培训合格发放相关职业资格证书,并联动酒店管理公司、建筑公司、零售公司以及合作伙伴,提供大量与乡村旅游服务业相关的就业岗位。结合当地农业生产的重要环节开展新技术推广活动和生产技能培训,提升贫困地区群众的旅游服务意识。同时,培养农村电商从业人员,帮助当地特色产品通过互联网等平台销售。

(四)社会参与机制

不断创新社会参与机制,通过构建旅游扶贫信息平台,引导社会团体、行业组织和旅游企业帮助农村贫困人口、农户和村民开展农村旅游扶贫,进一步为他们提供智力支持。鼓励和支持旅行社、旅游饭店、餐饮企业、旅游商品制造业等市场主体投资贫困农村旅游业和旅游产业。鼓励保险在旅游扶贫项目中的推广，引导相关保险公司建立"旅游扶贫＋保险"的经营形式，将抗风险能力弱的企业、农民和农民企业家纳入"旅游保险"体系，保证扶贫路上零风险，创新创业路上低风险、零风险。进一步营造全社会、全旅游业共同扶贫的氛围，多渠道聚敛财富，凝聚全民智慧，推动社会各界力量积极参与到乡村旅游扶贫中。

第二节 基于乡村振兴背景下乡村旅游扶贫产业链开发方案分析

一、乡村振兴背景下乡村旅游扶贫产业链概述

哈佛大学商学院教授迈克尔·波特在《竞争优势》中首次提出了价值链概念：是企业为客户等利益集团创造价值所进行的一系列经济活动的总称。产业链有四个维度：价值链、企业链、供应链和空间链。该"对接机制"属于产业连锁形成的内部模式，产业链是在市场无形控制下逐渐形成的，产业链的丰富和完善程度，直接影响着该产业集约化的发展。产业链本身聚集产业上下游企业之间的结构和利益关系，并基于产品、服务和信息的连接，使行业的不同部门和企业之间产生关联，形成完整的产业链条。内部产业链主要由生产、金融、人才等部门连接，外部产业链主要由产业的上下游进行拓展，通过多部门的匹配与合作，从微观和宏观两个方面提升产业价值。

旅游产业链理论来源于产业链理论，基于旅游产业的特殊性，旅游产业链有其自身的特点：一是旅游商品生产和消费的同一性；二是旅游商品消费的无形性。旅游产业链的特点是无处不在的消费性以及直接性，食、住、行、游、购、娱都直接面对消费者，并且其生产与消费都有着一定的无形性。

乡村振兴背景下的乡村旅游扶贫工作在开展的过程中，应当时

刻注重产业链价值的塑造，并在旅游的营销环节发力，使当地具有特色的旅游项目能够"走出去"。产业链终端的品牌和营销环节是决定当地旅游产品进入市场后能否被市场接受的重要步骤，也是产品实现自身价值的重要环节，好的旅游创意和营销可以促进企业产品顺利进入市场，被更多的游客接受并获得较高的市场利润，相反，如果一些品牌或营销缺乏或不完善，即使公司有好的产品，也无法赢得更多消费者以及获得高利润。这是当地旅游经济产业升级的关键环节之一，旅游产品的真正价值在于其所包含的符号和虚拟价值，因此，应当积极利用旅游产品价值的虚拟性和符号性等特征，将其融入产品的转移、嫁接或制造附加产品中，延伸旅游产业链，实现经济的长足发展。

除此之外，相关部门还应当支持贫困地区文化节、旅游节等品牌活动的开展，推广民间文化旅游新品牌，充分发挥博物馆、展览馆等公共文化资源的作用，深入挖掘旅游产品的文化内涵，将厚重的文化资源用现代艺术转化为旅游者喜爱的旅游产品，重点发展大型文化遗产。将过去单一的旅游业转变为集旅游、欣赏、互动、娱乐、演艺、体验、餐饮等为一体的全方位、多角度的旅游产业，延伸文化旅游产业链，实现优化升级，逐步打响品牌知名度。

政府应积极投资文化旅游、交通等基础设施建设，并建立健全文化产业投融资体系，促进金融资本、社会资本、文化资源和旅游资源的对接，引导社会资本投资文化、旅游产业，参与重大文化产业的发展。在投资核准、信用贷款、土地使用、税收优惠、上市融资、对外贸易和申请专项资金等方面给予支持，逐步形成公有制、多种所有制共同发展的文化旅游产业格局，进而培育一批具有核心文化竞争力的当地旅游企业集团，形成完善的产业链，在产业发展和市场繁荣中发挥主导作用。

二、乡村旅游扶贫产业链发展现状

我国乡村旅游扶贫工作从20世纪80年代开展到现在将近40年，虽然产生了一定的经济效应，但在价值配置、产业链开发及定位等方面仍存在一定的问题。

首先，乡村旅游产业链价值分配是不均衡的。乡村旅游扶贫的目标是解决贫困人口的收入问题，理论上，应当根据产业链节点的不同产业，以及旅游业的发展，给予当地乡村旅游扶贫开发一定的支持。然而，随着乡村旅游扶贫政策的普及，乡村旅游扶贫开发已成为贫困地区旅游业发展的一个重点，并已从贫困人口向普通旅游地区发展，利益相关者逐步由贫困居民变为旅游投资商，偏离了乡村旅游扶贫的初衷。

其次，贫困地区产业链开发情况相对单一。由于发展主体的局限性，我国旅游扶贫产品质量低下。旅游开发商缺乏发展意识，也缺乏产业关联意识，整体的旅游产品组合关联性不强。另外，贫困地区旅游产品缺乏良好的体验性，由于大多数贫困地区都是自然资源丰富的地区，在早期的资源规划中，大多采用旅游业的第一开发方式，忽视了国内旅游的需求，缺乏核心吸引力，也导致当地旅游品牌难以树立，不利于经济长远发展。

再次，缺乏核心企业的支撑与参与。旅游业的发展对核心企业的可追溯性很强。扶贫旅游开发地区大多是经济发展缓慢、产业有限、品牌意识淡薄的地区，大多数贫困地区没有形成核心旅游企业，削弱了当地旅游业的竞争力。

最后，旅游收入漏损较高。旅游产业链的本地化是旅游扶贫效果的主要考虑因素，产业链的本地化直接影响到贫困地区的旅游收入和产业发展。当前我国扶贫旅游过于注重短期利益，在发展过程中过快的资源开发利用速度已经超过了当地旅游经济的发展速度，使扶贫旅游与当地经济之间未能够形成良好的互动，导致出现当地旅游收入的漏损情况。

三、乡村旅游扶贫产业链的开发模式

乡村旅游扶贫产业链的最终目的是借助产业链的发展与拓宽来进一步实现社会效益、经济效益及环境效益的统一，不断加强产业链中各产业之间的合作，从而提高整个产业链的效率。具体到乡村旅游扶贫产业链的开发，根据产业链的关联程度，主要分为纵向扩张、横向扩张等模式，不同的产业链发展模式有着不同的发展依据。

具体到纵向扩张模式，主要是依据当前旅游产业链的内容，进一步实现从观光产业的上游企业和下游企业的业务拓展来发展产业链。旅游产业链的纵向扩张对于弱势群体的援助与其他旅游产业链的纵向发展有一定的区别，前者强调对当地经济的激活和拉动。在产业链的整合过程中，开发的目的是为了促进当地经济的发展，缓解当地贫困人口的贫困情况，同时考虑旅游经济效应，处理好扶贫企业各节点的利润分配问题。后者应当细化旅游产业链的各个节点部门，进一步增加地方特色产品的比重，解决地方经济融合的问题。同时，还应当借助旅游产业链的纵向扩张，有效解决目前旅游产业链弱、帮扶不足的问题，补充市场需求不足，整合现有市场，借助旅游产业链延伸，综合提高整个旅游目的地居民工作收入。

具体到横向扩张模式，一方面，应当从旅游产业入手对文化旅游产业链建设进行研究；另一方面，在乡村旅游产业链横向构建过程中要以当地景区的文化背景为核心。向文化旅游产业的关联、拓展等方向发展，要注重拉长文化旅游产业链，为文化旅游的长远发展做好铺垫。文化旅游产业横向延伸重点在新媒介的宣传渠道方面。旅游演艺作为文旅市场的两大核心之一，长久以来备受各大旅游业企业重视。2019年，人们对户外娱乐的需求升级，政策对文化演出的引导支持，旅游演艺的产品不断优化和创新，都让中国的旅游演艺市场进入快速的发展阶段。比如，自古以来，旅游业与美食都有着密切的联系。无论是城市旅游还是乡村旅游饮食，都应当是旅游的有机组成部分，当下，乡村餐饮已成为乡村旅游的重要收入来源。与其他形式的旅游相比，乡村旅游从风景名胜区获得的门票较少，更多地依赖于乡村餐饮，游客对当地特色饮食产品的接受度很高。所以，在开展农家乐主体旅游过程中，还应当整合乡村现有资源，深挖美食背后的餐饮文化以及相关传统文化，逐步延伸农家乐产业链，实现文化产业与饮食业的更好结合，有效提高餐饮业的竞争力。

总之，拓展产业链对于发展乡村旅游经济有着重要的作用，借助产业链的延伸进一步提升本地区旅游产业的竞争优势，是当下旅游产业必经之路。因而，相关部门要立足当下，优化现有的旅游产业链，借助创意性思维进一步优化产业链，才有可能在未来的竞争中拥有更广泛的空间。

【案例】升级台儿庄乡村旅游产业链 助力特色产业精准扶贫

近年来,台儿庄紧紧围绕乡村振兴战略,结合推动新旧动能转换,把推进乡村旅游工作与新型城镇化、农业现代化、生态文明建设、美丽乡村建设等有机结合起来,以"规划引领、资源整合、项目建设、宣传营销、基础配套"为抓手,推动了旅游资源整合、产业融合、规模化和品牌化发展,全面助推乡村旅游提档升级。目前,全区共培育中国乡村旅游模范村1个、乡村旅游金牌农家乐4家,山东最美旅游风情小镇1个,省级旅游强镇4个,省级乡村旅游示范镇1个,省级特色村、星级农家乐、示范点等近80家。台儿庄古城从2008年恢复重建,到2010年试运营,到2013年全面建成,再到2016年实现全面开放,目前已经成为山东"鲁风运河"文化旅游品牌的龙头企业,形成了较为完善的乡村旅游产业链。

文化基因是品牌打造的基础。台儿庄古城在重建之前因"台儿庄大战"和"运河文化"而扬名国内外,被誉为"中华民族扬威不屈地"和"运河文化的活化石"。台儿庄古城紧紧把握文化基因,在重建时秉持"留古、复古、扬古、用古"的理念进行再创作,同时紧紧围绕"二战名城、运河古城、中华水城、国际慢城"的方向实现发展。台儿庄古城将"古"与"今"紧密结合,全力打造"建筑品牌、文化品牌、业态品牌、服务品牌、节庆品牌"等特色旅游品牌,形成了一个母品牌+5个子品牌以及向横向及纵向扩展的完善产业链。

就台儿庄古城当前发展情况而言,其作为母品牌承载着对外传播的主要功能,注重品牌营造及创新,并依托创意元素的融入以及市场情况的把握,成功实现文化产业转型升级,提升了台儿庄古城的知名度和体验度。在逐步完善的品牌战略和差异化的产品定位下,台儿庄古城被打造为具有自身特色的运河文化传承的核心景区和国际知名文化旅游休闲目的地,为以宣传营销工作提供优质的品牌和产品保障。

台儿庄古城的发展离不开"产业链"的完善,在"产业链"构建与完善过程中,借助当地特色与文化特征,进一步提升当地文化底蕴。当前阶段,台儿庄古城发展势头良好,未来应全方位塑造其综合品牌，积极开展宣传活动，如通过与电视台合作，通过明星经济带动当地发展。借助多栏目与台儿庄古城的合作，使其焕发更大活力。

1. 建筑品牌

台儿庄古城发展过程中，首先塑造了极具特色的建筑品牌文化，通过添加古城元素、园林景观以及与现代化建筑相融合的方式，使台儿庄古城焕发活力。台儿庄古城占地2平方公里，有11个功能分区、8大景区和29个景点，共计400多座院落。在台儿庄古城内部，几十座庙宇汇于一城，南北交融、中西合璧，是运河文化的活化石；拥有京杭运河仅存的最后3公里古运河，被世界旅游组织称为"活着的古运河"；城内拥有18个汪塘和15公里的水街水巷，可以舟楫摇曳、遍游全城，是名副其实的中华古水城。

台儿庄古城内部保存53处战争遗迹，应重视当地博物馆的建设，并围绕大战文化、运河文化和鲁南文化等来规划设计多个极具特色的展馆，使古城具有更深的文化意蕴。在经营业态上，结合市场环境以及消费者喜好构建多种风格的酒吧、茶楼以及客栈等，将"齐鲁文化"与"江南风情"融于一体，成就台儿庄古城独特的建筑品牌。

2. 商业品牌

台儿庄古城的转型升级离不开经济力量的推动，因此要结合市场进行创新。目前，台儿庄古城通过打造以传统商业购物街为主题的商业街市，进一步拓展其产业链。同时，依据传统的建筑风格重新进行包装，将符合多个年龄层消费者的元素融入其中，如台湾商品街、酒吧一条街、风情街、古玩字画街、药典博物馆、非遗文化街等街区特色彰显，让游客在多个景点的游览中更能获得心理上的满足，感受台儿庄古城带来的魅力。

3. 非遗品牌

非物质文化遗产是每一个民族都应当珍视的财富，应借助非物质文化的保护与传承来使当地的文化价值得以彰显。台儿庄地区有着极为丰富的非物质文化遗产，大运河文化是民族融合的产物，是活着的美丽遗产，是中华文明的金色名片。除此之外，柳琴戏、琴书、鱼鼓、鲁南剪纸等都是当地的非物质文化遗产。台儿庄古城以继承、弘扬、创新非物质文化遗产为己任，着力打造非遗文化品牌。

4. 节庆品牌

在台儿庄古城中，每天都有特定主题的演出剧，吸引来自各个地域的游客。其中，再次展现大运河繁华历史的《乾隆巡游台儿庄》受到一致好评，通过演员的真实演绎，让游客感受到大运河相关的历史故事；还有《台儿庄大捷》，通过激昂的配乐以及动情的演绎，将威武不屈的台儿庄大战精神展现出来，逐步成为台儿庄古城特有的文化演艺品牌。

5. 服务品牌

台儿庄古城重点以旅游经济带动其发展，而自身硬件设备以及宣传措施做到位之后，更应当注重以人性化的服务推进台儿庄古城的综合发展，以此提升游客的满意度。因此，台儿庄古城结合景区需要，建设了更为完善的标准化服务体系，在工作中提出"第一责任人"的理念，不论是卫生管理、服务咨询还是投诉帮助，都要求在第一时间为旅游消费者解决，真正达到优质服务、以人为本的目的，切实保障游客切身利益。

总之，台儿庄古城在发展其产业链过程中，始终围绕"文化"开展一系列的转型工作，牢牢把握创新理念，将运河文化以及大战文化深入挖掘，创设更具吸引力及影响力的乡村旅游产业链，进一步实现"用品牌引领发展、做文化旅游典范"的目标，促进台儿庄古城的综合发展。

第三节 基于乡村振兴背景下乡村旅游扶贫方式选择

乡村旅游扶贫作为一种有效的脱贫手段，自1986年被纳入国民经济发展计划中以来，得到了广泛的应用。旅游扶贫形式是广泛的，作为三大产业扶贫的一种，乡村旅游能够以扶贫的形式解决就业问题，向调整区域产业模式的方向发展，不仅能够解决经济问题，而且能够有效改善当地人口就业水平及社会化状况。不同贫困地区的资源、发展条件和政策背景存在差异,如何运用科学的方法选择扶贫项目、选择旅游战略是当下乡村旅游扶贫的核心问题。

一、乡村旅游扶贫项目选择

(一)乡村旅游扶贫项目选择的可行性分析

乡村旅游扶贫项目的选择是整个扶贫目标能否实现的关键,主要关系到应当选择合适范围及合理结构的贫困地区。因而需要根据当地特色有效开展扶贫工作,同时根据资源情况进行方向选择,这是提高旅游扶贫效率的关键所在。

乡村旅游扶贫项目选择的可行性分析主要体现在旅游资源分析、贫困人口效益分析、政策可行性分析等方面。在旅游资源分析中,当地资源的高效、科学应用是一个重要的分析元素,无论是人文旅游资源还是自然旅游资源,都需要根据实际情况加以合理利用,最大限度地利用大环境进行项目拓展。具体到贫困人口效益分析,乡村旅游项目开发主要考虑产业链的可追溯性和劳动力解决问题,同时评估项目的合理性以及可行性,根据当地的大政策背景,包括政府财政支持、政府开发政策以及一系列的扶持策略等,进一步规划未来乡村旅游的发展方向。

通过对乡村旅游扶贫项目选择的可行性分析,应重点对该项目前景进行预估与市场准备,结合当地实际情况以及当地人文素养等情况,合理确定当地的受益人数以及受益程度,在开发之初就将开发对象的利益考虑进去,并且借助可行性的资源分析,有效推进乡村旅游扶贫实施效果。

(二)乡村旅游扶贫项目的目标选择

具体到扶贫项目的目标选择,涉及旅游资源和人口脱贫两个方面。

就资源选择而言,主要包括旅游目的地资源和其他与扶贫旅游开发相关的社会资源。旅游开发项目具有一定的科学性和高效性,因而更应当强调规划开发,利用好区域内各种资源,丰富旅游产业,完善旅游产业链,积极坚持各项政策需求。在农村地区,地方旅游竞争力得到充分体现，应借助当地具有特色的人文资源以及地理优势，营造更具竞争力的旅游空间。同时，还应当重点保护和开发旅游目的地的其他公共设施和社会资源，最终实现环境效应、社会效应和经济效应的统一。

关于人口脱贫方面，首先应当考虑贫困问题产生的根源。贫困问题的根源主要包括经济和心理两个方面。在经济方面，贫困地区存在着产业和结构滞后的问题，在产品生产、收入水平和就业方面都不合理，再加之发展方式以及资源开发的不合理进一步加剧贫困地区的贫困问题。在心理方面，贫困地区居民与周边地区居民之间存在着不断加大的经济落差，导致贫困进一步加剧，使更多的当地人外出打工，这种不平衡也会进一步导致社会矛盾的恶化。因此，要摆脱所在地的贫困问题，必须从这两个方面入手。在具体的目标选择中，作为村组织者围绕成熟景区和成熟线路集中的贫困村，结合现有旅游资源和市场资源发展当地经济，结合国家所制定的旅游扶贫规划，细化制定当地的旅游扶贫规划，选择最适合当地的乡村旅游扶贫项目。

二、乡村旅游扶贫过程管理

为了实现乡村旅游扶贫的最终目标，制定更为完善的乡村旅游扶贫的总体规划，除了发展旅游扶贫项目之外，还应当注重在实施过程中开展科学的过程管理，有效地利用管理活动，保障乡村旅游项目顺利进行。特别是在项目实施过程中，主要问题是政府职能的有效履行、社区的参与程度、社会资本的有效利用，因而应当注重乡村旅游扶贫过程管理各个环节的顺利有序进行。

强化政府职能是实现乡村旅游扶贫目标的宏观保障。在项目实施过程中，政府应当明确扶贫立场，支持项目部署，并结合政策和投资环境进行调整。在政策的制定、扶贫项目的申报、项目的考核方面做好有效控制，同时结合相关项目的开展实行有效考核，在法律以及相应的体制上做好准备，使各项资源得到更有效的利用。在投资环境方面，政府应当坚决管理好自身和其他投资主体，从财政、税收和金融等方面入手，进一步结合当地环境给予投资商或是当地自营者一定的政策优惠，要充分利用财政和税收的支持，重视搭建投资平台，利用社会上其他优势和技术，继续为扶贫旅游发展提供帮助，多方共同发力促进乡村旅游扶贫工作的开展。

社区参与程度是实现农村旅游扶贫的重要保障。社区参与主要体现在当地旅游服务和社区环境的改善上。参与者所做的工作主要涉及当地旅游发展的决策、企业的经营管理方法、参与社区的可持续发展以及参与主体的利润分配等。为了实现社区参与，激发当地社区更多人员加入旅游项目中，使参与的有效性更加公平和有效，政府需要做好放权工作，并完善民主自治制度，从宏观层面做好公平工作，同时，要能对区域系统性参与予以支持。旅游扶贫的最终目标是实现贫困地区脱贫，最终实现分配的公平和公正。

有效利用社会资本是乡村旅游扶贫的主要条件。在实际的乡村旅游扶贫项目开展过程中，应避免直接引进外来社会资本，要注意社会资本与地方资本的结合，注意地区适应性，避免投资浪费。同时，需要引导和支持社会资本开发农民参与度高、效益大的休闲旅游项目。加强规划引导，采用如以奖代补、先建后补、财政贴息、设立产业投资基金等方式支持休闲农业和乡村旅游发展，着力改善旅游公共基础设施。在此过程中，要避免为政绩引资，同时避免将旅游资源廉价出租、转让给贫困地区的开发商进行旅游开发等行为。

在引入社会资本的过程中，政府还应当考虑将合理的利润让渡给社会资本，以提高其参与的积极性。在乡村旅游扶贫项目开发过程中，要加强政策研究，推动各项优惠措施真正落地，提高政策的针对性和可操作性，坚持各利益主体之间的平等关系，降低不确定性风险。在与社会资本的沟通中，要充分告知乡村旅游业发展的特点和痛点，让他们在参与前充分了解和准备，进一步规划好后续事宜，防止烂尾事件的发生。在此基础上，与旅游规划机构、环保机构、科研院所、行业协会等专业组织共同搭建市场化合作平台，拓宽社会资本参与渠道，构建更为完善的产业链，促进旅游产业发展。在参与者方面，政府和参与者达得一定程度的信任，承认每个参与者存在的合法性，给予各个参与者更多的话语权，在资金以及技术等方面给予多重支持，使社会资本作为利益共同体参与旅游扶贫项目。

三、乡村旅游扶贫创新方式分析

(一)引入外来资本的古镇开发

对于一些历史人文资源丰富的古村镇,引入外来资金进行包装打造,并统一运营,无疑是一条发展乡村旅游的"快速通道"。

典型案例:临沂竹泉村地处山东省沂南县北部,是中国北方少见的古式村落。后来由青岛龙腾集团投资1.56亿元进行整体打造。经过几年开发,这里已成为一处以生态观光、休闲度假、商务会议为核心,集观光、休闲、住宿、餐饮、会议、度假、娱乐于一体的综合性旅游度假区,也是山东省第一个系统开发的古村落度假区。在开发古村落的基础上,竹泉村还大量挖掘本土文化、美食、民俗传统等,极大地丰富了乡村旅游对于文化休闲体验的需求。如今,竹泉度假村已成为国家AAAA级景区,2015年接待游客80余万人次,实现直接旅游收入8000万元。

(二)以爆点带动品牌的"轻启动"

对于一些资源相对贫瘠地区,通过区域美食、传统手工艺品等挖掘,凭规模优势和特色打造"出爆点",也不失为一条可行道路。

典型案例:陕西袁家村距离西安市78公里,有一定的区位优势。为了开展乡村旅游,当地决定挖掘陕西特色美食,发展民俗民风体验一条街。

为了打造最原汁原味的地方美食,他们挖掘最民间的厨师,挑选最本土的原料,坚决不要大酒店和厨师培训学校出来的厨师。最初由于缺乏名气,做出来的美食没人消费,袁家村村委会决定,这些民间厨师只管做,村里给发工资。厨师们做出来的东西,首先在整个民俗街流通,多出的东西发给村民,再送给当地相关部门和企业。后来,随着这里的名气不断扩大,许多店铺的消费者都排起长队。在挖掘美食的基础上,袁家村还不断发展酒吧、民俗体验、民宿等一系列配套措施,以求增强游客的体验度,并延长乡村旅游的产业链。如今,袁家村日营业额超过200万元,年收入超10亿元,仅餐饮产值就超过一个中型城市。

(三) 一口价全包的套餐式体验

相比袁家村这种开放模式，还有一种截然相反的封闭模式：依托自己的优势资源，将全村封闭起来，用户只需一张门票，即能享受全部服务。如果说袁家村熙熙攘攘的人流是一种繁荣的美，那么封闭式乡村，通过高门票限制人流，凸显的则是古村镇宁静的美，这种模式也受到众多游客的追捧。

典型案例：乌村紧邻著名的乌镇西栅历史街区，是背靠京杭大运河的古村落，总面积450亩，具有得天独厚的自然资源和景区依托。乌村颠覆了中国乡村旅游的传统模式，采用一口价全包的套餐式体验模式集吃、住、行、游、购、娱活动为一体的"一站式"乡村休闲度假模式，一次即可包含吃、住、行和30多项免费体验项目。不能否认，乌村的成功离不开乌镇导入的巨大人流，但反过来，乌村也为整个大景区提供了原生态的乡村民俗文化体验。乌村给我们的启示是：毗邻传统大景区的乡村旅游点，完全可以以差异化的产品定位，做景区的配套支撑甚至是对等互补，从而凸显自己的价值，从中分得一杯羹。

(四) 基于体验经济的乡村旅游开发

对于旅游者而言，旅游产品是从背包外出旅游开始到再次回到家中这一时间段所有经历的总和，而在这一过程中，旅游者消费的不是某些具体的产品或是资源，而是付出了自己的时间、情感及行动。从这个角度来看，旅游者需求的本质就是想获得一次独特、愉悦而又难忘的旅游体验。在体验经济的背景下，旅游企业经营的核心也不仅是提供某一产品或服务，而是为旅游者创造美好而快乐的回忆和体验。与传统旅游相比，体验旅游具有更大的优势。乡村旅游是以乡村地域和乡村风情为主，吸引游客前往观光、学习及休息的旅游活动，其本质是向旅游者提供认识及体味农家生活的某种体验，由此可见，乡村旅游与体验经济之间有着天然的耦合性。

所以，在乡村旅游经济发展过程中，更应当注重游客体验感的

第四章 基于乡村振兴背景下的乡村旅游扶贫策略研究

营造，要细分旅游市场，明确客群定位，针对目标细分市场进行乡村旅游产品的设计及市场策略的制定，企业的经营才能更有针对性，才能为乡村旅游者留下更好的旅游体验。这就需要针对乡村旅游市场，按照旅游者的年龄、受教育程度、职业、收入、学历等指标，将客源市场按照相关标准进行分类。在市场细分的基础上，按照细分变量的特征，仔细深入地分析具有这种细分变量特征的旅游者的消费特征和消费习惯，并结合企业的竞争环境、乡村旅游经营者自身的竞争能力以及针对目标客群提供体验式旅游产品的难易程度，选择一个或多个目标细分市场，根据不同细分市场的旅游者需求开展相应的乡村旅游体验活动。

对于旅游者而言，乡村旅游活动除了乡村景观的观光之外，还包括采摘、耕种、野营、漂流、拓展训练等户外体验活动，休闲体验型产品因其游客停留时间长、旅游活动松弛平和、重游率高等特点受到旅游市场的欢迎。此类产品主要针对文化市场、商务市场、自驾游市场、家庭自助市场等。由于偏好此类型旅游产品的旅游者在旅游过程中的节奏相对平和松弛，因此在产品营销过程中应该主打"休闲度假"等主题。同时了解旅游者需求，根据旅游者实际需求组合产品，如推出家庭乡村度假套餐、白领乡村度假套餐、中老年乡村度假套餐。另外，需结合乡村特色旅游资源并以此为基础开发大型主题节庆活动，以此开发旅游产品一年四季的价值，并通过新闻媒体曝光吸引游客关注，提高乡村旅游景区的品牌知名度。针对老年客群，可选择他们比较习惯接触的媒体，如电视、报纸、广播等进行景区的宣传报道，如可考虑通过电视的旅游频道以图文并茂的方式宣传景区，同时还要注意与当地老年组织保持较为紧密的联系，争取他们的支持和配合。针对家庭旅游客群，借助社区便利店、美发店、洗车行、城市公园、照片冲印店等场所设立售卖点，扩大产品销售，拓展客源市场。

第五章 基于乡村振兴背景下的乡村旅游扶贫案例分析

第一节 湖北恩施州：精准扶贫 注重效益

一、湖北恩施州乡村扶贫情况简介

湖北省恩施土家族苗族自治州（以下简称恩施州）是全国著名的革命老区，红色旅游资源丰富，但全州八县市均为国家级贫困县，是湖北省脱贫攻坚的主战场。湖北恩施州地处武陵山集中连片特困地区腹地，旅游资源与贫困人口主要集中在乡村。当地既有发展滞后的困境，也有急需发展的机遇，同时恩施州聚集了湖北1/4的贫困人口，脱贫任务艰巨，选择合适的乡村脱贫方式尤为重要。总之，要结合恩施州当地乡村发展情况，从产业规划、要素供给、品牌创建、市场拓展、利益联结等方面下足功夫，探索出一条以全域旅游破解全域贫困的产业扶贫新路子。

恩施州旅游扶贫开发基金主要用于旅游景区建设以及支持农民开展农家乐等服务设施建设。同时，注重结合国家政策背景精准扶贫，更加注重开发优质资源，从源头上造福农民、乡村旅游扶贫项目十分适合当下恩施州的发展，现阶段也取得了一系列的进展及成果。

第五章 基于乡村振兴背景下的乡村旅游扶贫案例分析◎

（一）恩施州旅游业发展情况

恩施州当地的文化积淀十分丰富，其所在地的民族文化、抗战文化和红色文化交相辉映，为当地发展旅游业提供了丰富的物质及人文资源。恩施州有着被誉为"东方情人节"之称的"恩施女儿会"、百村万户共庆丰年的摆手舞等，是名副其实的民族风情园。除此之外，恩施州还是国家重要的生态功能区、长江中上游重要的生态屏障，是鄂西生态文化旅游圈的核心板块，恩施大峡谷、腾龙洞、神农溪等自然景观鬼斧神工。当地交通也非常发达，长江黄金水道、318国道、沪渝高速公路、宜万铁路横贯境内，是湖北省七个公路运输枢纽城市之一。这些地理上的优势也为恩施州开展乡村旅游精准扶贫奠定了基础。

2018年，恩施州全州共接待游客6216万人次，增长21.1%；实现旅游综合收入455亿元，增长23.9%，生态文化旅游业增加值对GDP的贡献率达到15%，旅游业对第三产业的贡献率超过50%，带动40万群众吃上"旅游饭"。截至2018年底，恩施州8个贫困县市已实现89.69万贫困人口稳定脱贫，贫困人口减少至20.58万人，贫困发生率下降至5.83%。

恩施州按照省委、省政府提出的"大力发展农家乐旅游促进农民自主创业"的要求，大力发展乡村休闲旅游，特别是将"农家乐"作为全州的重点项目来开展，逐步以精准到户的方式促使恩施州走出一条极具特色旅游扶贫发展之路。"旅游"作为全州旅游业的重要组成部分，一是依托大峡谷、腾龙洞、平桥营等重点旅游景区，开发以农家食宿为主，配套一定农家娱乐休闲娱乐项目，如恩施大峡谷"驴友居"、女儿湖、利川腾龙洞美食街、咸丰官项等。二是依托茶、果、高山蔬菜等特色农业和城郊农业，精准到户进一步发展休闲农家乐，注重观光、体验和采摘，例如枫香坡侗族风情寨、望城坡现代烟草农业示范生态旅游基地等。三是依托民俗文化示范点，发展农家乐文化体验，在此过程中注重体验民俗文化，如柳州城南宋古城遗址、宣恩彭家寨等。四是依托科研院所和龙头企业，发展以高科技参观体验为主要内容的科技示范农家乐，如国家农业科学院高新技术示范园区等。

(二)恩施州精准扶贫工作情况

恩施州是国家武陵山片区区域发展与扶贫攻坚试点的重要组成部分,是全省四大扶贫攻坚主战场之一。其目前所开展的精准乡村扶贫所依据的机制有以下几种:首先,强化考核机制。通过相关政策的出台加大精准扶贫的考核比重,进一步加大相关部门对恩施州当地精准扶贫工作的重视。如借助《恩施州县市党政领导班子和领导干部精准扶贫目标责任考评办法》《恩施州直单位精准扶贫目标责任考评办法》和《全州乡镇(办事处)扶贫开发暨经济社会发展绩效综合考评办法》等一系列政策来倒逼恩施州当地乡村旅游扶贫高效进行。其次,构建完善的工作机制。通过精准扶贫策略的开展对特殊困难对象实行基本保障,对低保贫困户实行针对性的扶持及救助活动,同时对一般的贫困群体开展产业扶贫等,通过联合相关的投资企业开展岗位培训活动,提升当地人员的服务水平,确保当地贫困人员能够有一技之长,主动参与到乡村旅游扶贫中。再次,完善扶贫资金监管机制。强化对专项扶贫项目精细化管理监督,借助政策优惠鼓励更多的主体参与到恩施州乡村旅游扶贫项目中,招商引资,带动当地经济发展。最后,建立市场主体参与扶贫机制。采取"一个龙头企业+多个专业合作组织(家庭农场)""一批致富能人+带动一批贫困群众"等模式,动员企业在贫困村兴建基地、聘用农民工、发展订单农业,使市场主体与扶贫对象形成利益共同体。通过以上一系列措施的开展,确保当地旅游扶贫工作高效进行。

二、恩施州旅游扶贫具体做法

(一)以精准规划引领指导扶贫

2016年10月27日,中共中央办公厅、国务院办公厅印发《关于进一步加强东西部扶贫协作工作的指导意见》,恩施州首次纳入国家东西部扶贫协作范畴,明确由杭州市结对帮扶,帮扶到2020年。在国家东西部扶贫协作政策的沐浴下,杭州市全力对口帮扶恩施州,按照"工作项目化、项目体系化、体系品牌化"工作路径,抓特色、创品牌，高质量推进各项对口工作，助力扶贫攻坚。

杭州市充分发挥旅游产业发达、旅游人才集聚的优势，与宣恩县、咸丰县合作编制了《宣恩县全域旅游规划》和《咸丰县全域旅游规划》，并辅导两县开展全域旅游景区的创建工作。目前，宣恩县已评审通过《仙山贡水4A级旅游区专项规划》，在全域旅游规划的引领下，旅游项目不断落地，旅游业既富了百姓，又充实了财政。与此同时，杭州充分发挥智慧旅游方面的优势，为恩施州的脱贫攻坚装上了"智慧芯"。两地合作完成了恩施州智慧旅游大数据云计算平台的顶层规划设计，编制出台了《恩施州旅游大数据平台建设方案》。该方案明确了175万元的项目资金，提出将恩施州建成全国一流的旅游大数据中心的目标，为恩施州旅游业走上高质量发展道路绘就了清晰的"作战图"。

（二）以旅游投资开发带动扶贫

坚持建一个景区，富一方群众。在东西部扶贫协作的引领下，浙商纷纷投资恩施州生态文化旅游业，为当地发展注入新理念、新动能。由浙商成立的湖北省绿野开发有限公司，位于宣恩投资锣圈岩休闲旅游景区内，项目总投资11.5亿元，规划总建筑面积12.2万平方米，预计能为当地解决约500人的就业问题，可安置贫困户250户。

首先，政府引导投资，确定旅游投资为全州固定资产投资主战场。按照全域旅游规划，2018年主动谋划亿元以上旅游项目79个，规划总投资914.79亿元。成立州县两级旅游投资公司，前期主动投资启动旅游项目建设，培育旅游市场，撬动大量社会资本投资旅游业。加强旅游项目服务，成立工作专班对旅游项目建设进行每月调度和督办，部门间加强项目会商，完善项目申报、项目统计等制度，以保姆式服务确保项目建设尽快投产见效。

目前，北京中诚信集团、江西旅游集团、鄂旅投、省交投、省联投等一大批省内外知名企业纷纷投资恩施州，投资额度均在5亿元以上；投资项目既有对现有旅游产品的延伸和完善，也有对紧缺旅游产品的弥补和强化，恩施州旅游链条不断延长和强化，社会资本成为恩施州旅游投资的主要来源。2018年，恩施州签约落地项目27个，协议总投资额223.15亿元；在建旅游项目94个，完成投资53.53亿元，同比增长164.5%，超额完成全年目标任务。

其次，民众参与投资，让旅游业成为全民创业的重要领域。全州3000余户居民在景区周边、避暑胜地，利用自家院落开办特色民宿，让恩施州民宿业发展蔚然成风并走在全省前列。建始县花坪镇、龙坪乡等十余村的村民办起了农家乐、休闲山庄，开起网店，卖起土特产，5000多人吃上旅游饭、发起旅游财。龙坪乡店子坪村年人均收入从2010年的2000元增长到2018年的8000多元。恩施大峡谷景区202个商铺被当地近400位村民承租经营，年人均收入超过4.5万元；恩施土家女儿城景区周边300余户村民在政府提供创业者担保基金的资助下，在景区免费商业区域自主经营、就近创业当"老板"，实现年均收入超过3.5万元。

（三）实行全域营销，提升影响力与知名度

恩施州充分把握全域旅游时代的营销精髓，实行全域营销，整合州县两级政府和企业力量，联合发力，共同打造恩施州全域旅游品牌，提高恩施州旅游的对外影响力和知名度。

实行州县联动，按照"州级树形象，县市做市场、拓渠道"的思路，集中州县财力，面向社会广泛征集，确定了"中国好山水·天赐恩施州"的旅游形象宣传口号；精心制作的旅游形象宣传片登陆中央电视台和美国纽约时代广场；充分运用新媒体渠道，联合新浪、百度、携程、马蜂窝等网络媒体合作推介恩施州旅游，使之成为国庆十大网红景区、十月热度排位前十旅游目的地和百度热搜词，恩施州旅游品牌越来越响亮。

实行政企联手，支持企业举办热气球节、汽车越野赛、江钓大赛、自行车赛等一系列活动，引导企业"走出去"开展渠道宣传营销。

实行区域联合，利用结对帮扶城市杭州市的市场优势，举办恩施州旅游产品集约推广活动，广为营销造势，以此撬动长三角和华中地区旅游市场；积极加强与万州、张家界、黔江等地合作，形成线路互推、客源共享、宣传互换、利益共赢的区域合作格局。

三、恩施州精准乡村旅游扶贫成效

（一）土家女儿城旅游扶贫做法与成效

恩施州土家女儿城作为当地精准乡村旅游扶贫及创新扶贫的典型案例之一，十分具有分析价值。土家族历史悠久，为远古巴人的后裔。早年在江汉平原一带生活，后来巴楚相争，巴人战败退到夷水一带。春秋时期建立巴人第一个奴隶制诸侯国巴子国，后被秦国所灭，部分巴人退居到武陵山区，即湖北、湖南、四川、贵州一带，并与当地部族融合，形成土家族。土家女儿城为华硒集团公司投资7.3亿元兴建，其根据当地的人文特质及民俗风情构建500间风情客栈、20多家特色餐馆、30多家地方特色小吃、3900平方米休闲娱乐中心等。除此之外，还依据当地特色构建土家女儿会广场、剧场以及土家风情古镇、文化创意园等，逐步成为恩施州乡村旅游的新地标。

土家族女儿城建成开发以来，充分发挥了旅游业带动作用强、就业能力强、就业门槛相对较低的优势，逐步以旅游综合体建设为平台，促进相关产业发展和吸纳就业，促进当地贫困人口转移致富，累计解决5000人就业问题。同时，在精准扶贫的大政策引领下，更加高效实现当地贫困地区群众的脱贫支付。一是通过招收商铺就业3000多人，为360户个体户从事旅游行业提供机会，在此基础上，部分贫困村民前三年免收商铺租金，为当地贫困地区脱贫致富提供保障。二是通过扩展乡村旅游产业链，发展宾馆、住宿、文化、体育、娱乐等项目进一步吸引就业2000多人，有效解决这部分人的生计问题。三是通过支持大学生创业进一步促进就业，专门设立了"大学生就业基金"，与湖北民族学院、恩施职业技术学院签订就业创业合同，为大学生创业提供了后盾。通过一系列政策及措施的开展免费为贫困大学生创办动漫产业园，解决当地贫困大学生就业难的问题。四是通过传承民族文化促进就业，建设非物质文化遗产展示基地，聘请38名国家级以上非物质文化遗产传承人，在当地发展演艺事业，不仅增加了民间艺人的家庭收入，而且更有助于恩施州当地文化保护与民族文化传承，同时，也为游客增加旅游趣味，在精彩绝伦的表演艺术中提升其对女儿城的认识，进一步增加其旅游体验感。

（二）枫香坡侗族景区旅游扶贫成效

恩施州枫香坡景区是当地发展乡村旅游扶贫的典型案例之一。枫香坡景区位于恩施州芭蕉侗族乡高拱桥村，该村属于全国第一批旅游扶贫重点村。该村抓住精准扶贫的政策导向以及乡村旅游扶贫的新理念，大力结合当地资源，积极开发及合理利用资源，有效推进当地旅游经济的发展，逐步实现当地贫困群体的脱贫致富。

恩施州枫香坡毗邻恩施州城郊，虽有区位之优却无增收之门，自发展乡村旅游之后，修通了循环路，建起了农家乐集群，打造了侗族建筑群，组建了农民艺术团，形成了生态茶园景观带和"恩施玉露"品牌，成为国家AAA级景区、湖北省新农村建设示范村、旅游名村、宜居村庄和民族团结进步示范村，吸引五湖四海的游客来枫香坡品尝侗乡美食、体验农事乐趣、欣赏侗族大歌，农民人均纯收入由发展乡村旅游前的1200元增长到2018年的1.4万元，增长了近10倍。

凭借漫山遍野的青翠茶园和曲径通幽的乡村小路，以及当地极具特色的山间民居，再加上一定的旅游开发策略，使当地的乡村旅游逐步"火"起来。

尤其是近几年，随着国家扶贫政策以及农业综合开发项目的逐步开展，枫香坡侗寨观光产业迎来发展的契机，建立了侗族文化体验区，并结合当地丰厚的茶文化背景构建茶文化长廊，通过前期科学规划以及结合消费者的兴趣爱好开发20多处景点，并完成特色民居改造等工作，在促进当地旅游经济发展的同时，也极大改善了当地居民的生活环境以及提高了当地居民的生活水平。与此同时，结合当地资源开发侗族文化博物馆、鼓楼、踩歌堂、陆羽茶亭等一系列经典景点，并引入极具特色的演艺节目，拓展当地贫困地区旅游产业链，逐步促进当地旅游经济可持续发展，进而提升当地群众的收入，实现农民脱贫奔向小康的愿望。

（三）建始县黄鹤桥景区旅游扶贫做法与成效

黄鹤桥峰林位于湖北建始县花坪镇南部，清江北岸，海拔1200～1300米，属于类似张家界和柴埠溪的峰林地貌。此地奇峰林立，绝壁高耸，"欲与天公试比高"，绝壁间有一垂直狭缝，传说是黄鹤高飞之处，后人曾经搭桥连"天"接"地"，故名"黄鹤桥"。景点内各种大小石柱、奇峰、怪石、深谷、天堑、地缝、绝壁俱全。雄伟奇特的峰林景观在岩溶地貌中十分罕见，可谓"奇峰异石大观园"。黄鹤桥景区所在的村庄——建始县花坪镇小西湖村在旅游开发之前是一个典型的贫困村，无论是当地经济发展水平还是生产经营模式都比较差，未能跟上同时期其他村落的发展，大部分的青壮年外出打工，村中只剩下老人和留守儿童。2010年，在国家政策的引导下，当地开始借助丰富的资源发展旅游经济，依托旅游经济的发展带动当地脱贫致富。湖北清江旅游开发公司结合当地资源开发了野三峡景区，并配套建设小西湖酒店以及餐饮场所等，进一步扩大旅游辐射范围，为更多人提供就业机会。通过发展当地旅游经济，也带动了当地农家乐的兴起，使更多的贫困户脱贫致富。

自景区建设及不断完善以来，当地充分利用高山独有的气候和良好的生态资源优势，大力发展养生度假旅游业，让四海游客来恩施州吸氧洗肺、休闲避暑，带动村民致富增收。建始县花坪镇小西湖凭借良好的生态、宜人的气候，每年吸引大量来自浙江度假的"候鸟式"游客，2018年接待游客突破3万人次，实现综合收入超5亿元，带动周边10多个村的农家乐、休闲山庄、土特产店快速发展，近5000人从事旅游服务工作，直接带动附近300多名贫困群众吃上了"旅游饭"，昔日贫穷落后的"小西湖"逐渐成为休闲度假的新去处。在此基础上，带动了当地产业融合发展，大大延伸了乡村休闲旅游产业链和服务链，直接带动当地农业产业，比如猕猴桃观光产业、关口葡萄产业园等的发展，为当地贫困群体脱贫致富提供了新的路径。

第二节 西藏林芝市：积聚力量 多方扶贫

林芝地区位于西藏的东南部，是美丽的香格里拉的生态中心。土地总面积达 11.7 万平方公里，是由藏族、门巴、独龙等九个民族所组成的以藏族为主体的多民族聚居区。该地区属于典型的高山峡谷、高远丘陵地貌，具有十分丰厚的地理资源。

一、西藏林芝市乡村旅游扶贫情况简介

（一）西藏林芝市旅游资源分析

西藏林芝地区发展相对落后，但是当地具有丰富的自然资源，也凭借得天独厚的地理优势为其脱贫致富提供新的思路。就林芝地区的旅游资源进行综合分析，该地区具有以下几个特征：

首先，西藏林芝地区有一批垄断性的高品位旅游资源，著名的雅鲁藏布江流经林芝，形成巨大拐弯。林芝旅游最大的亮点，便是山与水的交融，雅鲁藏布江大拐弯是世界上最长的峡谷，极具观赏价值。林芝地区还拥有南迦巴瓦峰、巴松湖等，旅游资源十分丰富，具有无限的生态性以及人文性。就整体旅游资源而言，林芝旅游资源所涉及的类型包括建筑、人文、水域、商品等，有着其他地区难得一见的高原景观，还有着气势壮阔的高原湖泊等，同时，当地多民族聚居也带来了众多异彩纷呈的宗教文化。

其次，林芝地区海拔高度适中，自然风光独特，非常适合作为担心高原反应的内地游客入藏的第一站。林芝有白雪皑皑的雪山、逶迤曲折的尼洋河、郁郁葱葱的鲁朗林海、地球上最深的雅鲁藏布大峡谷、翡翠般的圣湖巴松措；有深厚的人文底蕴、寂静闪耀的星空、美味的石锅鸡；还有一年一度漫山遍野的桃花。最关键的是，林芝虽然地处西藏，但是却可以避免高原反应，这是由于当地丰富的植被能够最大限度地缓解高原反应。

最后，林芝地区还具有一定的新鲜感以及神秘性。林芝地区宗

教文化历史悠久，同时在旅游开发之前交通相对闭塞，有很多地方成为鲜为人类所涉足的净土，使众多游客感受到神秘和向往。又加之当地具有典型的"香格里拉"景致，受气候影响较小，十分适合在当地开发具有休闲度假性质的旅游产品。

（二）林芝地区乡村旅游扶贫的现状分析

随着乡村旅游扶贫项目在林芝地区的开展，当地大力引进外部投资项目，发展当地的旅游业，目前已经开发出旅游景区20多处，在建的旅游景点30多个，初步形成了以林芝为中心的田园民俗文化旅游区。如以米林县为主的峡谷药洲旅游区，以工布江达县为主的圣湖生态旅游区等。近几年，在乡村旅游越来越受关注的背景下，林芝地区发展势态良好，依托当地得天独厚的地理条件设立了大批家庭旅馆，发展了当地的旅游经济。

近年来，位于西藏自治区东南部的林芝市以其独特的地理气候条件，推动藏药业、林副产品加工业、乡村旅游等特色产业提档升级，实现高质量绿色发展。林芝市米林县的林下资源丰富，素有"药洲"之称。在相关政策指导以及相关部门的培训指导下，该地总结出一整套灵芝育种和种植经验，并主动对有种植意愿的农户进行技术培训，提供上门技术服务。林芝市培育的灵芝菌包、天麻种子销售到周边多个区县，推动藏药材规模化种植，也带动周围群众增收致富。在此基础上，该地区进一步拓展产品种类，同时探索农场发展新模式，计划将单一种植业发展为集育种、种植、加工、销售及旅游观光为一体的产业链，在提升当地旅游观光价值的同时推进藏药业的高质量发展。

随着生活水平的不断提高，更多人有时间以及金钱开展自驾游，与此同时，当代游客的旅游需求发生转向，表现为更加向往质量高、小众化的旅游目的地。而林芝地区可以利用自身丰富的资源条件，挖掘具有特色性的旅游资源，调整旅游商品结构，开发一系列旅游创意产品和旅游工艺品，增强旅游商品文化的包容性，提升旅游产品质量。除此之外，林芝还可以优化场景规划和体验设计，进一步整合现有的资源，挖掘文化包容性，进一步形成类型丰富、功能互补、主题鲜明的旅游体系。同时可以挖掘当地的人文资源以及丰厚的历史积淀,进一步拓展当地旅游产业链,开展一系列包括藏药鉴赏旅游、休闲娱乐旅游(温泉)、美食娱乐、民俗旅游、特色节庆旅游、宗教朝圣旅游、徒步旅游等旅游产业,进一步根据游客需求细分市场,形成多元商品、高质量的旅游体系。

二、以林芝市鲁朗镇扎西岗村为例的乡村旅游扶贫模式探究

(一)鲁朗镇扎西岗村概况

扎西岗村位于西藏林芝地区鲁朗镇。在西藏,有很多地方叫"扎西岗",意为"吉祥之地"。鲁朗镇扎西岗村坐落在雪山林海之间。灌木丛和茂密的云杉、松树、青冈组成了"林海"。连绵起伏的高山,被错落有致的树木包裹得严严实实,绿色扑面而来,又随着视线向四面八方绵延而去,而视线的尽头,是圣洁的雪山。鲁朗镇位于林芝县城以东59公里处,现有八个行政村。该地区自然资源丰厚,整个村子被层层林海包围,更显静谧,扎西岗村流水潺潺,云雾缥缈。

(二)鲁朗镇扎西岗村乡村旅游扶贫开发现状

早在2001年初,经广东省旅游发展研究中心专家组论证,已经明确把鲁朗镇扎西岗村和巴松湖作为两个家庭旅馆村落,列入广东省第三批援藏资金的重点投资援建项目。正是由于该村落具有得天独厚的资源,经过外部力量的帮扶以及自身的发展,能够进一步实现当地最快的脱贫致富。而经过近20年的发展,该村已经初步形成了全村办旅游的情形,在发展经济的过程中也更加注重保护当地居民赖以生存的环境,促进当地旅游经济的可持续发展。

1. 乡村旅游扶贫开发模式

扎西岗村乡村旅游发展模式主要是民俗(家庭)旅游。由于扎西岗村地处原始地区,森林资源十分丰富,在林业政策调整前,该村农民的收入主要是像周边村庄的牧民一样砍伐树木,在买卖木材中获得利益,收入途径单一,难以支撑当地居民脱贫致富,使更多

的居民外出打工。随着乡村旅游扶贫理念的兴起,该地区在多方力量的帮扶下充分发挥资源优势,挖掘自身潜力,加快"基础产业引领旅游业"建设步伐,进一步提升产业关联度、辐射力等,发展餐饮、观光、休闲、购物等产业,调整产业结构,使之健康发展,大力发展乡村旅游,促进农牧民增收致富。

鲁朗镇党委根据地委、行署提出的要把旅游业作为林芝地区支柱产业的要求,在深入调研的基础上,不断解放思想,更新观念,仅仅依靠当地旅游资源,积极引导农村群众,发展农村旅游。借助农家乐等形式带动家庭旅游的发展,对其他农民的参与起到了示范引导的作用。良好的发展理念带来了良好的社会和经济效果,公众的观念发生了变化,观念变宽了,视野变远了,不再是依据砍伐木材来维持生计,既保护了生态资源,也使家庭发展旅游的积极性空前高涨。

在发展乡村旅游前期,当地牧民深受宗教文化的影响,思想保守,观念陈旧,市场经济意识淡薄,农民一开始很少主动走出家门参与到旅游服务中,"旅游"这个名词在他们的意识中还很陌生,大多数农民持观望态度。该地旅游部门针对这种情况,采取措施,抽调生力军,走遍全村,以讲座、地方培训等多种形式宣传"旅游扶贫"等相关理念,并在实际行动中进行指导。旅游部门还积极组织农业牧民大力发展其他相关产业,增加农民现金收入。一是利用本地资源优势销售本地产品,农牧民每月仅依靠这一种方式,就可多实现2000元的现金收入。二是发展民俗旅游,出售农业牲畜,鼓励农民走出家门,把当地原汁原味的奶渣、奶酪、酸奶和土鸡蛋等农家风味食品出售,进一步拓展乡村旅游产业链,提升当地乡村整体收入。

2. 鲁朗扎西岗村乡村旅游扶贫的多重效应

旅游业带动了相关产业的发展,实现了农民收入的增长。在发展旅游业的同时,扎西岗村政府有关人员组织牧民和农民发展其他相关产业,直接增加现金收入。一是销售手掌参、药材、食用菌类等特色产品。二是通过销售畜产品,促进当地农业、畜牧业和家庭养殖业的发展。例如,卖奶渣、酸奶、猪肉和藏鸡蛋等。

在众多成功案例的正面示范效应下,扎西岗村村民观念发生了转变，旅游开发意识增强。在政府的引导和牧民自身的努力下，从事旅游管理的农民收入大大高于其他牧民，大多数农民从旅游管理中受益，还直接推进了当地精神文明建设，推动了旅游业发展，增加了农民收入，丰富了物质资料。大部分当地的农牧民开始修建既有民族特色又有农家风味的家庭旅馆，为从事旅游业创造更为有利的条件。同时，更多农牧民开始借助网络参与到乡村旅游扶贫中，在网络化背景下充实自身知识，完善旅游服务技能等，进一步使农民在旅游过程中认识到，一定的科学文化知识可以为更多的旅游者提供更好的服务，吸引旅游人群，增加自身收入，促进当地经济的良好运转。

三、完善林芝地区乡村旅游扶贫模式思考

（一）生态旅游开发模式

林芝地区具有得天独厚的自然资源条件、优秀的生态旅游发展模式是农村旅游扶贫的必然选择。其中，林芝地区的雅鲁藏布大峡谷、恰青冰川、南迦巴瓦峰、巴松湖等自然风光吸引着众多游客前去。借助当地得天独厚的地理优势推动了当地的生态旅游，也带动了当地的经济发展。从来藏旅游的旅游者群体结构看，原来是单一的高收入层次青年，而现在的年龄结构不同、社会地位不同，旅游目的涵盖的范围不同，对于旅游的生态需求也越加广泛，与其他旅游项目相比，生态旅游投资相对较小，只要保护适宜，在当地自然环境可负荷内开展生态旅游，可以达到"一次投入，长期受益"的效果。

林芝部分乡村发展生态旅游，重点向着以下三个方向发力：一是严格划定生态旅游区范围，加强生态环境监测和旅游管理工作，提供良好的自然解说服务以及注重旅游住宿等设施，满足生态旅游要求。二是依托大学和科研院所，组织青少年生态科考和探索性旅游露营活动，促使林芝成为进行科学思考和探索的社会实践基础之一。三是政府部门作为乡村旅游扶贫的龙头，不仅要推进广告策划和产品设计，同时也要提高乡村旅游市场的发展水平，注重将优质服务本身投入农牧民的乡村旅游中。四是申请建立与"三农"乡村

旅游有关的项目,提升当地旅游服务水平覆盖面。

(二)民族文化旅游开发模式

林芝地区拥有独特的人文生态系统,丰富而独特的历史、宗教文化,作为多民族的集聚地、藏医药的发源地,还有着丰厚的文化遗产。因而更应该借助当地丰富的资源开展旅游活动,借助当地特色性的民族文化丰富旅游活动,在各个民族文化相互交融中汲取精华,并与现代文化相互碰撞,创新林芝地区旅游开发模式。

首先,生产文化体验型旅游商品。作为西藏地区吸引力的核心,林芝也应当担负起展示西藏的历史的责任。具体而言,在林芝地区的旅游开发过程中应当首先将历史与现实对接,充分利用当地资源开展实体与活动相结合的场景设计,鼓励开办"农家乐",让更多的游客在旅游过程中通过与当地人的互动交流感受更多当地的人文风情。

其次,注重历史文化旅游体验的开展。在林芝当地旅游开发过程中,应当重点挖掘文化内涵,利用好历史遗迹。在开发中利用好历史遗迹,增加旅游产品文化附加值,加强对西藏现有城市人文景观、历史遗迹的保护,让游客感受到西藏文化语境的意义和城市的情怀。与此同时,为城市文化寻找合适的载体和表现形式,并积极创造参与者的旅游活动。在城市规划建设过程中,积极融入艺术城市的规划理念,强化城市的旅游功能,塑造现代城市的文化风貌。

最后,积极开展民俗风情旅游。结合林芝地区的独特风情,如八一镇等,积极开发民俗村、组织旅游节事活动来开发民俗风情旅游产品。除此之外,林芝地区多个民族所聚居,同时各个民族有着独特的民俗风情特点,随着互联网的宣传,更多人向往"异域风情",能够激发更多旅游爱好者一探究竟的兴趣。因此,林芝地区通过所开发的一系列民族文化旅游项目,更能够发挥旅游经济的带动作用。

第三节 湖北英山县：整合资源 优化配置

一、湖北英山县乡村旅游资源基本情况

英山县隶属于黄冈市，位于湖北省东北部，大别山主峰天堂寨南麓。英山县辖三乡八镇，包含308个行政村，自然资源丰富，发展乡村旅游扶贫有着独特的优势。英山县具有丰富的茶叶、药材资源，同时也是著名的旅游胜地，尤其是近年大力发展乡村旅游扶贫项目，进一步带动了当地贫困地区的经济发展，引导其走上致富的道路。

英山地处大别山主峰的核心区，集宗教文化、民俗风情、历史人文、生态景观于一身的大别山主峰，海拔1729.13米，坐落在大别山南武当旅游区境内。大别山横亘中原，逶迤千里，一柱擎天，雄奇险峻，气势磅礴，是科学探险胜地。英山县生态环境优越，四面环山，有着丰富的自然资源，当地空气负氧离子含量高，有"天然氧吧"的美称。

英山县有着丰富的生态资源以及丰厚的乡村旅游资源。英山当地具有代表性的徽派建筑，如高高昂起的马头墙，湖水清莲，拱桥如虹，空气清新，别情雅致。神峰山庄打造的"千里挺进大别山生态循环农业游"等特色乡村田园之旅有文化、有底蕴、有生态，能够让游客在享受田园乐趣的过程中体验健康养生。除此之外，英山县"四季花海·旅居新镇"项目注重打造花卉观赏区、温泉养生区、水上娱乐园区、旅游接待服务区、旅游配套产业园区和生态住宅园区等旅游综合体，集赏花、温泉、娱乐、住宿、餐饮于一体。英山县还被誉为"大别山天然药用植物资源宝库"，是湖北省中药材主要产区以及重要的中药材基地。湖北英山县如今已形成以红色旅游、茶业文化和土特产为主的三大特色精准扶贫产业，进一步整合当地所具有的资源，将乡村旅游开发作为重点来发展当地经济，逐步实现当地众多农民的脱贫致富。

二、英山县乡村旅游开发建设研究

在乡村振兴战略支持下，英山县积极推进乡村旅游扶贫，自2017年以来，英山县更加注重当地文化旅游业的开展，当前在建旅游项目36个，其中有24个文化旅游项目，已经建成生态观光村、神峰农家乐山庄等。近年来，英山依托丰富的绿色生态资源，不断扩大"中国好空气·英山森呼吸"特色品牌影响力，先后将"中国茶叶之乡""中国丝绸之乡""中国温泉之乡""中国药材之乡""中国漂流之乡""中国最美休闲乡村""全国休闲农业与乡村旅游示范县""国家全域旅游示范区""全国百佳深呼吸小城"等国字号招牌收入囊中，游客可以在此享受休闲惬意的时光。以神峰山庄为例，能够接纳700人同时就餐，年接待量达20万人，该项目直接带动当地村民2300多位就业，实现了3万余人脱贫。

英山县委、县政府为了进一步强化当地旅游扶贫效果，对各个景点进行综合整治及建设，创办本土旅游公司以创造更多的就业岗位，并且及时给予当地农民相关的旅游服务培训。除此之外，该地区注重乡村基础设施建设，新建以及改造旅游厕所50多座，新建宾馆30多家、农家乐750家，同时确保乡村互通互联，完善邮政、电信、移动、农行、圆通等服务点，也实现了当地的网络全覆盖，为旅游扶贫的开展提供基础条件，做好保障工作。

三、英山县乡村旅游扶贫策略分析

（一）整合资源，做好旅游扶贫队伍建设

要准确脱贫，必须准确把握"精准"两个字，即应首先确保扶贫项目准确，扶贫资金使用准确。在实际旅游项目开展过程中，确保以专户管理的方式将扶持资金用于贫困户脱贫，准确掌握贫困户情况和贫困成因，精确制定脱贫计划和措施。进一步落实旅游扶贫措施，实现扶贫目标，做到扶贫脱贫全过程精准、有效。精准扶贫工作是扩大农民增收的根本，因此，也应该进一步引进专业人才，

提高资源利用率,提升旅游目的地建设效果,加大扶贫旅游覆盖面,加快旅游扶贫服务建设。

为进一步推进英山县乡村旅游扶贫,还应当建立人力资源激励机制,创新农村人才引进机制,培育新型职业农民,加强农村队伍建设,并在财政、土地、税收、财政等方面给予一定程度的优惠,鼓励符合要求的公职人员回乡任职,借助下乡担任志愿者、承包项目等方式服务乡村建设家乡。在开展一系列工作的过程中,强化旅游乡村扶贫理念,转变农民自身对旅游扶贫的认识,让更多农民获取更多的扶贫信息途径,保障贫困人口共享旅游红利和旅游增值收益,支持旅游创业者发展,组织旅游项目,设置一系列适合当地贫困户经营的小项目。同时,大力推进优化政策。一是用足用好国家和省、市的扶持政策,将优秀人才回乡创业纳入本地招商引资优惠政策、创业创新人才引进政策等政策扶持范围,从用地、金融、用工、用水、用电、基础设施配套、政策性资金争取等方面向"回乡创业"等重点项目倾斜。二是将省、市、县各项政策汇编成册,乡镇村设立宣传栏广泛宣传各项政策,确保公开透明、家喻户晓。

政府注重在旅游产业初期给予必要的资金扶持,让更多的贫困人口得到全面安置,鼓励农民学习,定期开展技术培训,加强理论学习,创新工作方法。英山地区茶资源十分丰富,当地政府在乡村旅游发展过程中注重开展培训工作,通过培训茶艺、品茶、茶文化知识,培训茶道、茶艺等技能,组建了一支强大的茶文化推广队伍,在发展旅游经济过程中也将当地茶文化进一步发扬,带动更多农民脱贫致富。

重点关注资源整合,结合英山县大别山革命老区振兴发展规划、"十三五"规划、美丽乡村建设规划等发展战略,紧紧围绕"文化旅游、健康养老、生物医药、农副产品深加工、商贸物流、新能源"等重点产业,依托茶叶、中药材、特色种养、林下经济等资源禀赋和产业优势,推出6大类、26项顺应乡村振兴战略要求,符合回乡能人投资意向的好项目、大项目。通过举办优秀人才回乡座谈会、说明会,从专班上门等方式,强化乡情对接、政策对接、项目对接。

(二)加强基础设施建设,完善旅游扶贫整体规划

加强农村基础设施建设,加强旅游景区规划建设,加强旅游景区建设过程管理,提高旅游景区建设质量,确保设施环境更加便利、卫生、美观,既能提升游客的旅游体验感,也能提升当地乡村的整体水平。进一步发展休闲旅游、生态旅游、文化旅游、红色旅游等特色旅游活动,将英山县丰富的资源进行整合,形成旅游扶贫体系化发展。

加强规划的统筹管理,加强对乡村旅游规划的领导。英山县在西河片区启动实施"西河十八湾"乡村旅游示范带建设,投资过亿元建设观光基础设施,修建西河旅游公路,新建并完善游客接待中心,支持将贫困村纳入旅游目的地发展计划中来,帮助更多的贫困人口在当地旅游经济发展中实现脱贫致富。注重文化旅游项目的推进,2019年9月11日,神峰山庄被授予"文艺润乡村"称号,标志着黄冈市首个"文艺润乡村"示范基地正式落户英山,进一步肯定了神峰山庄为英山文艺事业繁荣所做出的贡献,也体现出对当地文化旅游扶贫的肯定。

英山县让电商企业的"大象起舞"来引领创新,让电商个体经营户的"蚂蚁雄兵"来壮大力量,实现农村电商的快速发展。"大象起舞"以电商创业园为主阵地,同时成立电商公共服务中心、农村电商运营中心、农村快递物流运营中心,以四大平台打造县域电商市场主体聚集区。先后引进湖北农夫电商运营团队、中金泰富电商运营团队、美佳农村电商、京东英山服务中心等10余家专业电商运营服务团队,在京东、苏宁等平台建立了"京东英山馆、苏宁英山馆",线上引进英山本土企业30余家、100余款特色农产品,不断扩大英山原产地产品上行渠道。"蚂蚁雄兵"按照"鱼渔并授"的原则,培养电商人才和个体经营户。结合当地农村产业发展实际情况组织培训内容,围绕电商产品包装、种养知识和电商扶贫成功案例分析等方面展开课程,把电商扶贫培训课送到家门口。开创性开设"电商人才精英培训"半年制精英班,对基础条件较好、意愿性较强的社会人员进行半年全日制脱产培训,集中进行电商运营综合性培养。

在电商企业的引导、电商个体经营户的参与下,英山县积极探

索电子商务助推脱贫攻坚的新模式，通过开展"百店连千户"，开辟电商扶贫新路径。而随着近几年农村物流的发展，英山县对当地申通、圆通、中通、韵达、百世等多家快递公司进行了整合，并协同菜鸟物流、德邦物流、方通物流、速尔快递、联创方圆物流、宅急送快递、京东帮、苏宁快递等多家企业共同完善乡村物质流服务和配送工作，开通农村快递物流专线3条、支线11条，建立乡村级快递物流服务站点68个，初步实现了48小时内货物配送到村。而且由农村电商运营中心牵头，在全县各乡镇设置镇级电商运营中心，在村级设置电商服务站，农村电商服务站不仅着重解决了农产品出村上行问题，还提供商品购买、信息咨询、话费充值等服务。

借力电商发展的迅猛势头，县商务局"百店连千户电商精准扶贫"工程启动，促进"互联网+农产品上行+精准扶贫+全域旅游"融合发展。按照"系统组织、精准对接"的扶贫思路，在全县筛选100名优秀网商，开设100家网店，邀请专业培训机构进行培训，对其进一步提高运营能力后，100名扶贫网店按乡镇分成11个小组，每个小组9名扶贫网商，每组设网络扶贫小组组长一名，对应全县11个乡镇进行对口帮扶，每个扶贫网店帮扶对接10户建档立卡贫困户，优先以村为单位对接，由对口帮扶的网商签订贫困户农产品包销协议。县商务局授权服务商开设微店英山馆，上线符合农产品上行标准的具有英山县特色的农特产品、本地贫困户的特色产品、旅游相关产品，作为活动统一分销平台，为参加网络扶贫的微店提供一件分销、一件代发服务。县电商公共服务中心、电商扶贫运营中心对帮扶贫困户产品进行"五集中"：集中收购、集中分拣、集中分销、集中发货、集中客服。

（三）建设旅游品牌，打造旅游特色精品

英山以茶、中药、特色农业闻名，当地积极探索生态资源优势，充分利用农村资源培育特色产业，打造出了一系列特色旅游产品和一批知名文化旅游品牌，大力发展乡村旅游，促进农村经济发展，实现农村脱贫致富。英山县合理利用自然资源、历史资源和人力资源，注重品牌效应，打造龙头景区，提升英山旅游知名度，力争尽快成为国家旅游示范区。同时，有关部门也注重加大对当地相关产业的宣传推广力度，以特色旅游产品来吸引更多的游客关注，当地农民为广大游客提供诸多贴心服务，进一步提升口碑和形象，提高游客对英山旅游的认识，引导和鼓励游客关注旅游，参与旅游业并支持其发展。

除此之外，英山县还积极建设乡村旅游农业观光采摘庄园、农业产业化庄园、农业文化娱乐庄园、农业科技园区、农业养生度假庄园等，引导游客在各景点感受英山乡村旅游的与众不同。比如，英山县杨柳湾镇的特色景点建设，直接通过茶叶带动旅游进一步拓展产业链，对于城市游客而言，参与到茶叶种植、采摘、加工、销售过程也是一种奇特的经历，茶叶吸引了大批游客，促进了当地经济的发展。景区应注重自身的体验价值，充分挖掘茶叶的文化内涵，树立品牌形象，在发展乡村旅游的同时，也做好茶文化的传递，形成具有文化内涵的产品特色。

（四）整合旅游资源，优化扶贫资源配置

英山县具有丰富的自然资源，在旅游扶贫开展过程中需要将各种资源最佳地结合起来，最大限度地发挥资源配置作用。具体到实践过程中，可结合农村扶贫项目、农村基础设施建设项目、生态农业发展项目等进一步整合资源，使乡村旅游符合"整合资源，突出特色，坚持标准，改革创新"的新标准。同时，积极提供旅游农业、生态旅游等旅游服务，借助互联网资源优势，整合英山旅游资源，优化旅游资源布局，结合实际情况开展具有创新意义的旅游线路。通过发展旅游业，落实对贫困人口的具体帮扶措施，增强贫困人口的自我发展能力和扶贫意识，让更多的农村贫困家庭参与到旅游中来。

为了进一步整合旅游资源，英山县积极推进"互联网+乡村旅游"战略。通过政府补贴，加强农村风景名胜区的网络建设，覆盖农庄、农场、农家乐等所有农村旅游点。文化和旅游部积极搭建旅游平台，借助一定的宣传策略来提升英山县乡村景点知名度，鼓励各旅游酒店和乡村景点的合作，联合相关技术部门构建并完善网上预订机票、

住宿、门票等服务平台。英山乡村旅游有着深厚的文化内涵，有着清新自然的生态景观，也有着自己的特色产业。因而在开展资源整合的过程中，还应当积极结合当地产业发展，推进当地文化旅游的发展，优化旅游资源，实现创新发展。

第四节 大理石龙村：更新观念 落实行动

一、大理石龙村旅游扶贫的特点

（一）石龙村概况

石龙白族民俗文化村地处石宝山腹地，位于云南大理州剑川县沙溪镇，东邻甸南镇桃源村，南邻甸头，西邻羊岑乡。当地主要分布有三个少数民族：白族、彝族、傈僳族，当地的经济来源主要依靠农业，包括种植白芸豆、玉米、马铃薯等作物。全村经济发展并不乐观，经济收入低于大理的平均水平。由于当地村民多以农业收入为主，农业基础设施较差，大部分村民外出打工。同时，当地生产的作物销路不畅，难以获取更大的经济效益。农业产业机构单一，畜牧业也没有形成规模养殖，导致农民增收困难，村民内部贫困问题突出。

因而，需要探寻发展的新方法，改变以往单纯依靠农业来营生的观念，顺应国家政策，结合本地资源以及实际情况开展旅游经济，进一步有效实现乡村旅游脱贫。石龙村有着丰富的人文景观以及优美的生态环境，当地还保留着淳朴的民风，为后期开展乡村旅游奠定了良好的基础。同时，石龙村位于全国重点风景区剑川石宝山腹地，有着悠久的中华传统，同时也有着独特的白族民俗文化等，在不断发展的过程中，石龙村挖掘出独具魅力的民间原生态文化，如石龙霸王鞭舞、白曲弹唱、洞经音乐、乡戏等，既具有丰富的观赏价值，也具有深刻的民族韵味，有必要进一步发扬与传承。

具体而言，大理石龙村可以挖掘的旅游经济资源如下：

第五章 基于乡村振兴背景下的乡村旅游扶贫案例分析

1. 自然风景旅游资源

石龙村四周环山,属于横断山脉的老君山山系,四面山体属于老君山自然保护区,生态资源丰富,森林植被茂密。村口有一座石龙水库,面积约 400 亩,水库四周环山、水面波光粼粼,当地环境优美,自然景观丰富,既饱经沧桑,又生机勃发,这里民风淳朴,是休闲养生的好去处。

2. 人文景观旅游资源

(1)白族调。白曲石龙村是远近闻名的白族村。村中上至 70 岁的老人下至不满 10 岁的孩童均会唱白族调。石龙白族调,是石龙白族劳动人民世代相传的古风遗俗,是白族劳动人民用于抒情的一种方式。石龙村民间艺人层出不穷,其中有获得省级"非物质文化民间口传艺人"称号的李定鸿老人,有"白族歌后"李宝妹、"小阿鹏"姜续昌等。

(2)戏班。乡戏石龙戏班成立于 1945 年。有表演者、画脸谱师、化妆师等。所有演员都是村里的中老年人,主要在元旦演出。据说石龙乡戏曲团是剑川县仅存的乡村戏曲团。每年春天,从初二到初六,石龙村都会承办地方戏曲活动,唱戏的地方在村里主庙的舞台上。在此期间,石龙村每天从中午 11 点到 12 点开始唱歌,一直唱到下午五六点。

(3)民居建筑。石龙村建筑类型多样,村落景观丰富。从结构上看,村落建筑体系主要包括石木、砖木、土木结构等,主要类型有民居建筑和宗教建筑,石龙村有八座寺庙建筑:四座山神庙、一座本主庙、一座关帝庙、一座龙王庙、一座观音庙。从发展背景来看,可分为原始和传统的住宅。其中,最早的原始民居有干栏、井干、土库房三种形式;传统民居主要有一正两耳、两房一耳、三室一照壁、四合五井天、六合同春等风格。从特点上看,主要是青瓦白墙的建筑艺术风格。石龙村民居既具有观赏价值,又有着优秀的历史。

(二)大理石龙村扶贫情况分析

随着资本、文化、艺术、景观、设计、建筑、传播等各种外部力量跨界融合,文青、学者、大学生、农民工等返乡创客热血探索……

"新造乡"运动此起彼伏。不仅地域文化得以传承,乡村活力得以延续,更重要的是革新了"农民利用闲置房屋和生产资料开展乡村旅游"。具体到大理石龙村,该地实行旅游扶贫的主体主要有政府、社区居民(贫困人口)、企业、社会团体(各类协会和非政府组织)、旅游者等,多方凝聚力量,转变以往发展观念,共同推进当地经济发展,实现进一步可持续发展。

石龙村的扶贫项目很多但不完整,扶贫过程比较分散,且缺乏具体的发展战略,没有针对贫困户的具体扶贫措施。目前,石龙村的扶贫项目只是以发展农村经济和生态旅游为基础,没有有效实施贫困户的扶贫项目,因而更需要将精准扶贫与乡村旅游相结合,进一步开发更优的项目并积极加以实施,落实到实际的开展过程中,促进大理石龙村的经济可持续发展。就石龙村美丽乡村建设工程项目而言,该项目分为两个阶段:美丽乡村一期工程资金225万元,美丽乡村二期工程资金275万元,一定的项目资金为当地开展旅游业务提供了支持,在此基础上,结合相关的外来企业投资来有效保障该地经济的运转,快速、高效实现脱贫。

(三)大理石龙村旅游扶贫特点

美丽与贫困并存是大理白族自治州面临的现状。由于自然、历史等方面的原因,大理经济、文化相对落后,且大多数乡村是湖区、山区、坝区,这样的地形地貌导致了农村的贫困。地理上,大理90%以上都是高山峡谷、中山陡坡的地形,且基础建设落后、交通不畅、居民受教育水平低、经营管理理念缺乏、发展活力和资金扶持不足,这些都是大理州乡村发展旅游的关键制约因素。

1. 城乡一体化

在乡村旅游扶贫过程中,大理坚持新型城镇化、生态文明建设、服务"三农"同步,采取多种措施促进城乡一体化,能够有效推进当地旅游扶贫进程。

2. 农村城镇化

在乡村旅游扶贫过程中,大理将城镇化融入其中,缓解了城市化水平低的问题,在解决农村贫困问题的同时,也开始向城镇化靠拢。

第五章 基于乡村振兴背景下的乡村旅游扶贫案例分析

3. 美丽乡村建设

近年来,大理州政府高度重视美丽乡村建设,完善了美丽农村建设的工作思路和方法,遵循了"生产发展、生活宽裕、乡风文明、村容整洁、管理民主"的乡村发展总要求,每年在国家推广50多个自然村项目。制定出台了《关于推进美丽乡村建设的实施意见》,以及多项具体配套政策措施,使美丽乡村建设工作越来越制度化、规范化。

4. 典型模式

利用旅游业增加农民财富,为广大贫困人口脱贫致富提供服务。在这几年的旅游开发过程中,当地工作者以及当地村民积极形成了一条探索旅游带来财富的道路,形成了几种典型的方法,每一种模式的目的都是使贫困人口能从乡村旅游的发展中受益,进一步获取长久发展的动力。

(1)与文化休闲相结合打造文化养心。深度挖掘项目地宗教、民俗、历史文化,结合市场需求及现代生活方式,运用创意化手段,打造利于养心的旅游产品,使游客在获得文化体验的同时,能够修身养性、回归本心、陶冶情操。如依托宗教资源,打造文化度假区;依托中国传统文化,打造国学体验基地等。

(2)与休闲农业相结合打造健康饮食养生。药食同源,是东方食养的一大特色,也是健康旅游中至关重要的一项内容。健康食品,与休闲农业相结合,通过发展生态种养殖业,开发适宜特定人群、具有保健功能的生态健康食品,同时结合生态观光、农事体验、食品加工体验、餐饮制作体验等活动,推动健康食品产业链发展。

(3)与度假居住相结合打造居住养生。居住养生是以健康养生为理念,以度假地产业开发为主导,形成的一种健康养生方式。养生居住社区向人们提供的不仅是居住空间,还有一种生活方式。除建筑生态、环境良好、食品健康等特点外,它还提供全方位的康疗及养生设施及服务,并为人们提供冥想静思空间,达到修身养性的目的。

(四)石龙村扶贫的主要做法

按照省委、省政府关于推进美丽乡村建设的总体要求和部署,沙溪镇党委、政府成立了村容村貌整治项目工作组，为切实抓好石龙村的美丽乡村建设，按照"科学发展，因地制宜，一村一品，突出重点"的原则，石龙村开始实施美丽乡村建设项目。并借助项目的开展为乡村扶贫提供发展前景，在确保良好生态环境的基础上发展旅游经济以及建设各项旅游基础设施、村内休闲场所和多功能民俗文化广场等，提升当地经济软实力以及硬实力。

在石龙村发展过程中，中国扶贫基金会和村民们共同搭建了一套完整的共生模式，用来解决实际运营中可能出现的矛盾，让大家的生产方式接近，让村子里所有的老百姓都能参与、受益。小到垃圾干湿分离处理、直接为客人服务的管家大姐，到蔬菜、粮食的供给，再到提供看车、引导等外围服务，大到民宿改造，都让村民在力所能及的范围内亲自参与，从中获取强烈的主人翁意识。通过在地化的运营模式帮助当地村民学习新技能，找到自己的价值。除了村庄外观上的变化，当地民宿运营给村民带来的改变更多是潜移默化的。招募当地村民为民宿管家，同时为管家提供旅游接待、餐饮等方面的培训。此前从未接触高端民宿、不知道如何接待客人的村民经过培训，逐渐有人开办起中端民宿。除此之外，石龙水库由村民承包开发，建有300多平方米的石龙生态鱼庄，最大接待能力200人，5个标间共10个床位。

二、石龙村乡村旅游扶贫发展的启示

（一）扶贫主体要有针对性

乡村旅游扶贫应因地制宜、因时施策、因人施策，不同地区、不同贫困人口的旅游扶贫方式和方法应有所不同。开展旅游扶贫时，主管部门和帮扶主体要熟悉旅游业，发挥相关作用。石龙村的援助主体是剑川县旅游资源管理委员会，目前也有几项较好的旅游扶贫项目：垛木房工程、美丽乡村建设项目等。因此，当地村民思想也发生了转变，石龙村旅游扶贫开发工作得到了村民的一定认可。

（二）注重贫困人口的旅游扶贫参与程度

在旅游扶贫过程中，应尽量让当地村民积极参与旅游活动。只有在广大村民的大力支持下，才能实现良好的扶贫效果，真正发挥旅游扶贫的作用。鼓励村民积极参与旅游活动，一方面，村民最熟悉当地资源，有助于旅游者合理利用当地资源，保护旅游目的地的生态环境，进一步促进当地旅游业的可持续发展；另一方面，可以通过旅游业的发展促进当地居民就业。在旅游决策、规划、开发、建设、管理等旅游发展过程中，应充分考虑当地村民的意见和要求，增强当地村民参与旅游的积极性，结合相关主题开展一系列的歌舞表演、特色餐饮等旅游项目，使旅游发展落到实处。造福当地村民，让周边村民共享旅游发展成果，促进当地村民脱贫致富。

（三）更新观念，切实落实旅游扶贫相关要求

"先修路后致富""先治贫后脱贫""先扶智后扶贫"，应当首先在思想上普及脱贫理念，激发当地贫困主体脱贫的内生动力，使扶贫有关部门充分认识到旅游扶贫不仅是经济问题，也是重大政治问题，使旅游扶贫深入人心。旅游扶贫不等于旅游开发，各级政府部门，特别是基层领导，必须实现旅游扶贫的最终目标。

（四）发展乡村旅游要注意保护环境和文化

旅游扶贫虽然可以促进旅游目的地的经济发展，但也应注意其对社会文化和环境的影响。旅游开发可以改善当地的环境，使当地贫困人口受益，如提高教育水平、提升文化水平、改善交通设施等。同时，也会导致耕地的流失和传统文化的消失。在社会文化方面，如石龙村旅游业的发展促进了传统手工艺竹篮编织和刺绣的发展，旅游业的发展也在一定程度上保护和传承了白族文化。可以说，旅游业的发展在一定程度上加强了当地居民的文化、建筑遗产和民俗风情建设。

（五）对乡村旅游的发展要有一定的规划

乡村旅游要突出当地乡村的特色，而不是简单地模仿，只有不

同形式的乡村美，才能使乡村旅游的发展具有各自的特质，实现具有独特乡村特色和乡村文化的长期发展，实现农村扶贫开发和生态农村建设的目标。乡村旅游的发展，是旅游业成为主导产业的乡村旅游扶贫的突破口，因而，不应盲目地追随不同地区的发展模势，也不应仅仅通过改善基础设施服务来发展旅游业，更不要盲目投资和开发乡村旅游项目和旅游景点。也就是说，不是所有地区都适合发展乡村旅游，还要看这个地区旅游资源的情况、村民发展和参与旅游的意愿和能力的情况等。

三、大理乡村旅游扶贫进一步优化对策建议

大理具有丰富的旅游资源，同时部分贫困山村存在旅游资源开发程度不高、开发不尽合理的情况，因而需要根据石龙村等部分村庄的发展情况来探寻更优化的发展思路，从单个乡村的发展中吸取一定的经验，进一步妥善解决与优化大理乡村旅游开发过程中存在的问题。

（一）充分发挥政府的社会职能，建立一套完整的保障体系

旅游开发要在政府中确立主体地位，要充分发挥政府在扶贫开发中的宏观调控作用。政府应首先提高公众对旅游扶贫的作用和重要性的认识，包括在区域经济发展总体规划中的扶贫开发，促进扶贫开发和旅游业的有机结合。大理州乡村旅游扶贫开发尚处于起步阶段，只有在政府和其他外部力量的帮助下，才能避免发展过程中的一些错误，并在短期内取得理想的效果。为了最大限度地发挥旅游业在促进区域经济发展中的作用，更需要政府的引导，促进扶贫的积极作用。

对于大理这样的民族地区来说，在政府及其职能部门的指导下发展旅游经济是必要的一步。贫困地区旅游业发展基础相对薄弱，需要以政府主导的方式开发旅游资源。因此，在旅游业宏观调控、市场开发、人力资源开发、区域引导等扶贫过程中，应充分发挥政府的作用，有效促进乡村旅游工作的顺利开展。政府的主要职责是为旅游业发展提供进一步开展的公共政策和战略，并以有效和经济的方式保护公共利益，例如，协调与主要利益相关者的关系。因此，

政府应加强主导作用,特别是在旅游扶贫领域,要根据当地特点制定相应的法律。在旅游开发过程中,还应当确保农村地区在相应法律的依据下,让贫困人口从旅游开发中获得合法的权益,并健全村里帮扶制度和机制,确保基层工作得到有效落实。

根据国家和云南省有关政策文件,大理还应当有效落实以村为单位的帮扶机制,确保每个贫困村都有驻村帮扶队以及帮扶负责人。因此,还需要建立一套完整的管理制度。要全力加强村委会、村支部和村扶贫工作队的合作,落实各项惠农政策,推进旅游扶贫。

(二)重视扶贫主体的针对性,运用"旅游+"的方式实施帮扶

旅游扶贫应当秉承精准性,这样才能进一步实现精准脱贫。在此基础上,借助"旅游+"来拓展乡村旅游产业链,提升旅游扶贫效果。采用"旅游+"进行有针对性的旅游帮扶,可以在每个旅游扶贫村成立扶贫部门或在帮扶挂钩组织中都配给旅游局的人员或旅游院校培养单位的人才。如果一个单位、一个部门具体负责一个农户,挂钩领导指定帮扶哪一户,就会致使扶贫主体资源安排不科学、帮扶不彻底,我们要用科学的方法扶贫,以达到统筹兼顾的效果。总之,不要把旅游局单独挂钩给某一个具体的村,要实施"旅游+"的扶贫方式,再搭配帮扶主体,而不是用简单的行政命令挂一个点,最终形成大旅游的扶贫格局。

乡村旅游的发展使农村经济发生了巨大的变化。从产业发展来看,乡村旅游是发展农村经济的一种方式,而不是核心。发展乡村旅游需要相关产业支持,对于像石龙村这样的村庄而言,要重点发展乡村旅游和每一小产业,如白芸豆、土蜂、编竹篮、刺绣等产业的发展。这就是"旅游+小产业"的发展路径。

(三)坚持可持续的乡村旅游发展模式,实现乡村可持续发展

乡村旅游的开发给贫困村带来了极好的发展机遇,特别是在旅游扶贫的背景下,农村资源的充分开发,给村民带来了更多的经济收入。大理白族地区独特的自然资源和人文生态系统是乡村旅游扶

贫的前提条件。对于大理这样的少数民族地区来说，依靠不可再生的旅游资源进行开发是一项风险很大的任务，因此我们应该重视对农村发展环境的保护。

生态环境是乡村旅游的核心竞争力之一。走可持续扶贫之路，必须把旅游开发与保护结合起来。用绿色发展的理念来定位大理乡村的发展路径，使广大群众摆脱贫困，在旅游业中致富。因此，要警惕一些开发商掠夺性开发乡村旅游资源，以扶贫开发为借口，破坏当地生态环境和自然资源的情况。要采取科学的策略以及合理的规划保障大理白龙村等村庄的旅游发展。

（四）提高贫困人口的文化素质，培养新型农民

大力发展大理地区的教育事业，提高群众文化素质，是扶贫开发旅游的长远战略。在旅游扶贫开发过程中，贫困人口自身文化素质的"贫困"严重制约着他们进一步发展与致富的空间。当前，大理农村居民文化水平偏低，这也是造成当地贫困的一个关键因素。而旅游扶贫不仅是物质贫困的支撑，也是精神贫困的支撑。因此，应该帮助当地的贫困群体实现思想观念的转变，积极引导当地农民，让他们认识到乡村旅游能真正帮助他们摆脱贫困，从而积极参与乡村旅游的扶贫活动。

为了提高乡村旅游的接待质量，提高地方乡村旅游的竞争力，应当对农民进行技术培训，培养一批新型职业技术农民。旅游扶贫的最终目的是保障贫困人口的生活，提高他们的生活质量。如在大理宾川大营镇萂村建立葡萄产业示范基地，开展集观光、采摘、餐饮、娱乐为一体的特色蔬菜种植和农业旅游。但是当地农民对葡萄栽培新技术不了解，需要专家技术人员认真培训讲解，传授专业栽培技术，应提高农民通过旅游参与扶贫的积极性，让他们掌握更多的种植技术和知识。故而，针对大理农村旅游专业人才短缺的现状，相关部门管理人员要大力引进和培养旅游人才，如鼓励当地高校毕业生留校发展，让他们加入到乡村旅游管理服务中，从而提高乡村旅游从业人员的综合素质，逐步提高全区旅游接待服务水平，促进当地旅游经济的发展。

（五）加强旅游基础设施建设，开发出具有乡村特色的旅游产品

区域基础设施是关系民生的重大工程。它不仅能得到当地人们的支持和认可，而且能促进旅游相关产业的良性发展。在当代社会，基础设施建设不仅指道路交通的通达性和生活设施的完整性，也包括当地的公共娱乐设施、公厕、有线电视、无线网络等娱乐和现代通信，这些都是必不可少的基础设施。大力支持民族地区基础建设发展，保障大理人民的基本生活条件，既是当地居民的需要，也是发展乡村旅游的前提。所以，为提高交通可达性，改善交通设施，应加强交通设施建设。例如，之前没有直达的公交车可以进入石龙村，严重影响当地旅游业发展。因此，在相关政策的支持下，石龙村应首先加快交通基础设施建设，特别是进村道路建设，增加进村客车数量，最终实现村村通公路的目标。此外，资源是旅游扶贫开发的基本条件，是贫困地区实施旅游扶贫开发战略的重要内容。资源的丰富和质量，特别是旅游资源的禀赋，是实施旅游扶贫开发战略和取得成功的基础。

在扶贫开发中也要注意经济发展与资源保护的关系，保护大理的生态，避免因资源的独特性而失去原有的特色。在旅游目的地开发特色旅游产品，突出旅游产品的体验性和独特性，打造具有乡村特色的旅游产品。比如石龙村乡村旅游的发展，就有赖于其独特的民族风情和文化。因此，将白族文化内涵和白族特色融入乡村旅游，不仅有利于大理白族文化的宣传，而且有利于丰富乡村旅游的内涵。还可以制作一些具有农艺特色的简单艺术品和工艺品，如石龙村刺绣、竹篮等传统工艺品，可以发展成为旅游商品。为了发展旅游经济，造福当地人民，应发展旅游产品品牌。在此基础上，才能进一步促进当地产品"走出去"，获取长远发展的动力。

旅游品牌实质上是能给旅游者带来独特精神享受的一种利益承诺，它建立在优质旅游资源或旅游地域的独特性之上，同某个具体的旅游产品或旅游产品群相关联，并且表明了此项承诺的来源与标准。当前，大理石龙村建成多家客栈并投入运营，也有了当地有代表性的产品品牌，为后期开展相关旅游扶贫提供了支持。

第六章 基于乡村振兴背景下的乡村旅游扶贫可持续发展问题探究

第一节 乡村旅游扶贫效应及可持续发展影响因素分析

一、乡村旅游扶贫的正面效应

（一）带动乡村经济发展

从实际发展来看，发展乡村旅游扶贫，其结果是促进农村经济的发展，通过对乡村旅游资源的有效开发及应用，在取得经济效益的基础上更注重社会效益的打造，进一步促使农村经济增长，促进当地经济结构更趋向合理化、科学化。贫困地区的国内生产总值和财政税收的增加有助于促进区域经济的健康、和谐和可持续发展。而在当前"扶贫攻坚战"的背景下，更应当注重扶贫方式的选择。旅游业是一个多部门的综合性复杂经济产业，具有较高的附加值和较强的牵引力，可以通过提供餐饮、住宿、旅游、购物、娱乐等服务，促进乡村旅游服务业和相关产业长足发展，促进"一业兴、百业旺"的发展格局的进一步到来，因而在地方经济发展中有着非常强大的作用。乡村旅游扶贫所带来的正面效应是全方位的，旅游业的发展

第六章 基于乡村振兴背景下的乡村旅游扶贫可持续发展问题探究◎

能够很快将旅游开发区与周边地区的经济差异分开，极大改善旅游村的经济发展状况。

旅游业的发展对农村产业结构的协调、优化和完善起到重要作用，并呈现出产业链延伸的趋势。以往传统的劳作、耕作等农村经营体制已经不再符合现代农村产业经济的发展，也跟不上当前经济的发展速度。因而，要采取一定的政策及措施促进贫困地区生产结构的转变，促使其实现村民经营过程中的价值增值，基于此背景，"乡村旅游"创新模式的生成为众多贫困地区脱贫致富提供了新的方向。在开展乡村旅游扶贫过程中，必须把旅游业、种植业、畜牧业结合起来，把农产品、畜产品等农业产业做大做强，进一步为旅游业提供服务，同时，依托旅游业带动第三产业和加工业的发展。当下，社会经济的发展促进了生态环境的改善，众多贫困地区生态保护意识逐步增强。旅游业的发展直接促进当地旅游、娱乐、休闲、度假等业态的发展，同时进一步促进了商贸、餐饮、住宿、交通、邮电等产业的发展，体现出明显的正面效应。

总之，从整体来看，发展乡村旅游扶贫最为明显的效果便是带动当地经济发展，有利于实施旅游发展战略。在旅游业发展上，通过建设现代生态农业基地，建成旅游服务业、观光农业等现代产业体系，使贫困村村民脱贫致富。

(二)广泛提供就业机会

旅游业是一个多部门相互关联的复合型产业，属于人力资源密集型产业，有必要把人力资源管理工作放在发展中加以重视。在农村旅游扶贫开发过程中，需要大量第三产业的专业服务人员，也需要第一、第二产业的技术型专业人员，因而，在发展乡村旅游扶贫过程中，要注重人才培养的重要性，应当借助众多的岗位针对性培养一定的服务及技术人才，为更多的贫困地区群众提供更多的就业机会。这一方案的实施有利于农村剩余劳动力向旅游业流动，为当地贫困居民提供更多的就业机会，鼓励当地居民参与到乡村旅游扶贫项目之中，进一步有效提高居民收入水平和生活水平。

根据世界旅游组织公布的文件，旅游业每增加一个直接就业人员，社会可以增加 5~7 个工作机会，具有极大的乘数效应。目前，我国广大贫困地区依赖农业和水产养殖业，人均耕地面积少，劳动力缺乏，劳作形式单一。在一些地区，有"三个月忙，八个月闲，一个月过年"的说法，导致越来越多的村民外出务工，致使更多的耕地闲置，家中只剩老人和孩子。而通过乡村旅游扶贫项目的实施，有助于实现当地经济可持续发展，通过贫困地区扶贫开发，增加就业机会，促进农业人口向非农就业转移，减少村民对土地的依赖，实现土地利用向旅游开发的转变，使更多村民在"家门口"工作，有利于农村的长期可持续发展。

（三）促进乡村和谐发展

通过旅游业的发展，公众实现了通过旅游服务直接增加经济收入、提高居民人均收入、提高生活质量等目标，农村居民的生活水平也在逐步赶上城市居民的生活水平。与贫困地区村民外出打工相比，乡村旅游可以帮助贫困群体在家乡工作、获取收入，不需要再背井离乡，让家中只剩下老人和孩子。从这一层意义而言，发展乡村旅游扶贫产业有助于乡村和谐发展。

在我国幅员辽阔的民族地区，乡村旅游极大地促进了扶贫开发，促进了民族文化的保护和传承，也促进了民族融合。例如，新疆吐鲁番地区乡村旅游的发展给当地社会的发展带来了巨大的变化，以往少数民族学习汉语困难，学习积极性低，双语学校分布稀少，随着乡村旅游的发展，许多地方少数民族开始自觉地学习汉语和外语，当地村民在乡村旅游扶贫中获利，认识到"发展离不开团结"的道理。

（四）促进农民观念更新

乡村旅游的发展促进了村民观念的更新。首先，发展旅游业，逐步打破了贫困地区封闭信息停滞的局面，拓宽了贫困农村居民的视野，促进了贫困农村、人力资源、商品、贸易、资源、资金等信息的流动，通过旅游管理，培养了当地贫困地区更多居民的商品经济意识。其次，随着乡村旅游的发展，当地村民的环境意识、退耕还林意识、退耕还草意识和环境保护意识逐渐发生了变化，保护当

第六章 基于乡村振兴背景下的乡村旅游扶贫可持续发展问题探究◎

地赖以生存的生态环境得到更多村民的共同认可和自觉行为。再次,随着旅游业的发展,村民对土地的依赖程度有所降低,摆脱传统的"靠山吃山,靠水吃水"单一、静态的运作模式。随着主题活动的增多,当地居民开始积极开发土地资源、房屋资源等一系列的旅游管理活动,极大地促进了当地经济的可持续发展。最后,随着旅游经济在贫困地区的兴起,也逐步将现代化的生活方式引入乡村,促使其以更加文明的方式,通过旅游线路把外来的新观念和现代化生活方式引入农村,逐步改善了乡村落后、封闭、保守的生活方式。比如,农村厕所环境的优化和改善就是生活方式的转变。

二、乡村旅游扶贫的负面效应

(一)破坏乡村生态环境

发展乡村旅游扶贫产业的目的是开发乡村旅游资源,但开发的同时也引发了一系列自然资源的破坏、环境恶化和环境污染问题,对乡村生态系统产生了一定的影响。其对乡村生态系统的破坏及负面影响有以下几点:

第一,乡村旅游的发展增加了生活污水和水资源的消耗量。我国绝大多数农村生活污水处理设施比较落后,缺乏一定的排污系统,导致大量的生活污水直接排入河道等,造成当地水体污染。

第二,乡村旅游业的发展,使当地对食品的需求量大大提升,进一步导致家畜粪便污染问题的出现,家畜的粪便若是无法立即处理,空气和人的身体都会受到损害。

第三,旅游活动会带来大量的垃圾,为游客所提供的餐饮服务所产生的垃圾大部分为不可降解的固体垃圾,而贫困村由于交通运输和环境设施落后,处理垃圾的能力有限,进一步对农用地产生严重影响。

第四,在乡村旅游的开发和发展阶段,建筑垃圾和垃圾回收不规范等问题也会给土壤、空气带来污染。在开发过程中,植物资源在田间的利用不当,使植物资源无法再生。此外,农副产品的残渣污染、噪声污染和工农业生产活动也破坏了农村的生态环境。

（二）引发社会文化风险

扶贫开发和乡村旅游的发展对区域经济发展和农民收入产生积极影响的同时，旅游扶贫也带来了社会文化风险。因此，对乡村旅游扶贫所带来的社会文化风险进行分析和防范是非常必要的。与乡村旅游扶贫相关的社会文化风险主要体现在以下方面：

一是当地旅游业的扶贫开发致使当地民俗文化面临危机。贫困村相对封闭，正是因为如此，当地民俗文化得以完整保存。然而随着旅游者的涌入，该地区的民俗文化有时面临过度商品化的状况，与外界的密切交流使本土价值逐步丧失。例如，有的民俗文化被设计成一个吸引游客的观光文化财产，并获得了批量生产，许多非物质文化遗产在大规模的工业生产和商业包装中丧失了原有的价值及意义。此外，外来文化的涌入也带来了文化的融合，但贫困村处于文化的贫瘠之地，外来文化占据了强势地位，进一步引发当地社会文化危机。

二是扶贫开发和乡村旅游带动了许多不良社会风气。乡村旅游的商业化经营引发了一些诱骗顾客、哄抬物价、恶意载客的现象。外来游客的一些不文明、不正当行为对当地青少年产生了不良影响；外界不良的审美情趣、不健康的物质生活追求，赌博、犯罪等不良社会风气也在一定程度上蔓延。

（三）导致乡村经济风险

乡村旅游的发展在带动当地经济迅速发展的同时，也会导致当地众多人过于依赖旅游业。当地政府强调旅游业的作用，使众多村民放弃了对土地的耕种和管理，只从事旅游服务，从事农业生产劳动减少，农村产业结构变得单一脆弱。旅游业具有一定的敏感性，由于受自然气候、自然灾害和疾病等诸多因素的影响，乡村旅游业经济结构薄弱，乡村经济风险增大。同时，乡村旅游的发展也会导致当地消费价格的上涨，由于乡村旅游消费价格的上涨，导致乡村居民购买力下降，最终也会损害贫困地区群体的利益。

发展乡村旅游扶贫，可以使地方资金流入旅游业，但也可能抑制其他行业的发展。同时,旅游业的发展也具有一定的盲目性,许多企业在同一地区投资多个贫困村,造成了乡村旅游产业发展的盲目开发以及建设,导致资源环境的浪费和区域旅游资源利用效率的低下。

三、乡村旅游扶贫负面效应的应对措施

乡村旅游发展带来的负面影响是不可避免的,但可以通过其措施和手段来适应乡村旅游扶贫开发,从而减少负面影响,促进乡村旅游的和谐发展。要处理负面影响,可从以下几点开始:

第一,旅游扶贫,规划先行。贯彻落实政府倡议,推进"先规划、后发展"的道路,明确扶贫目标,适应旅游扶贫规划、旅游发展规划、旅游环境保护规划等。充分结合乡村旅游环境负荷,对乡村旅游资源进行有效保护利用。充分利用保护和发展的有效途径,严格控制旅游开发对环境的污染,确保旅游者、旅游管理者和当地村民积极参与环境保护,同时,尽可能地保持生态平衡和保护自然环境。

第二,针对游客和村民进行相关教育。加强文明、环保、生态旅游等方面的教育和宣传,让更多的当地居民认识到保护传统文化、乡村文化、乡村旅游资源的必要性。通过对村民进行宣传教育,增强环保意识和能力,提高对当地文化的保护和传承,保护本土文化的原真性。

第三,对农村旅游扶贫发展项目严格考核。在旅游项目启动前,组织行业及相关专业人员,认真检查旅游项目是否符合当地实际发展,促进农村文化的传承和保护,最大限度避免浪费资金、浪费土地、破坏农村环境的现象发生。同时,对农村现有的工业化、现代化设施进行常规包装,避免与当地乡土文化不协调情况的发生,定期对乡村旅游和旅游公司进行全面的评估。

四、乡村旅游扶贫效应的可持续性因素分析

乡村旅游扶贫开发具有特有的规律性,要想实现乡村旅游中乡村援助的可持续发展,必须加强对乡村旅游可持续影响因素的研究,

◎基于乡村振兴背景下乡村旅游扶贫研究

加强旅游业与其他产业融合发展模式的研究。在此基础上，注重在传统的旅游概念基础之上，强调产业融合、发展联动。具体到乡村旅游可持续发展影响因素可以分为社会、经济及环境三个层面，所以应当做好旅游扶贫开发规划工作，进一步促进乡村经济、社会以及环境等更好发展。

贫困地区仅依靠自身力量难以进一步发展，尤其是在西部地区，当地生态环境并不乐观，正常的农业、畜牧业发展会受到一定地理条件的限制。贫困地区居民的收入仅依赖于农业生产和事业活动，不足以支撑其生活支出。因此，需要结合当地特色来进一步探寻更适合当地发展的方式，逐步减少当地居民对农业的过度依赖等情况。借助乡村旅游发展的形式，特别是在中西部地区，在提高农村居民的工资收入时，可以发挥更大的作用。乡村旅游的目的是借助独特的乡村资源来吸引城市游客，这也是欠发达地区脱贫致富的一种新的手段，使当地居民进一步获取更多的经济收入。

乡村旅游对农村经济的影响还体现在可以有效减少贫困地区的贫困问题。乡村旅游适用于农村环境和小规模旅游经营，能够最大限度惠及当地农民。乡村旅游可以把三次产业和农业结合起来，以高技术、高附加值和高利润推动传统农业向现代农业转变。目前乡村旅游从业态上来分，有三种典型：一是以农家乐、民宿等小主体集中发展为主的小业态集聚型；二是以某一个或几个大项目为主的大项目主导型；三是大项目和小业态都有的综合型。大多数村庄的乡村旅游现状是业态不够丰富，常规业态如民宿、农家乐、垂钓、采摘扎堆出现，同质化严重，游客体验互动活动少，所以一个村庄的业态丰富程度，直接决定游客停留时间、消费金额和旅游体验等。乡村如果要从根本上解决业态的难题，需要从统筹规划、加强组织和管理运营上下功夫，不仅要满足游客基础的"吃、住、行、游、购、娱"，而且要推陈出新，能够给游客不一样的体验。进一步借助乡村旅游促进农村经济发展，增加农民收入，特别是通过旅游消费，还能进一步促进农村通信、交通、餐饮、娱乐等产业的发展，所以具有很高的经济优势。

乡村旅游不仅对农村经济有积极的影响，而且会对当地社会环境产业影响。另外,为了保护环境和资源,附近的乡村意识也会加强。因此,乡村旅游的发展有助于农民收入的增加,只有当农民参加乡村旅游发展时,他们才能获得更多的利益。生态是乡村旅游的重点资源。人们去乡村旅游的主要目的是感受乡村美丽的生态环境。乡村生态包含两方面:一是自然生态。乡村面貌、自然环境、田园风光、山水丘壑、虫鸣鸟叫、清新空气、蓝天白云等都属于自然生态;二是文化生态,即农业生产、乡村生活场景和乡风民俗,体现出"原始、古朴、真实、自然"的文化内涵。文化生态是一种浓浓的乡味乡情,是一个时代的记忆与情怀。当下流行的说法就是"乡愁",乡村的文化生态就是一种乡愁。

总的来说,自然资源环境、经济环境和社会环境的发展,环境保护的投资都对贫困地区经济可持续发展产生重要影响,进一步支撑着乡村旅游业的发展。

第二节 基于乡村振兴背景下乡村旅游经济与文化可持续发展分析

一、乡村振兴背景下乡村旅游经济可持续发展的战略选择

乡村旅游经济可持续发展的目的是要求旅游业在发展当地经济的同时,能够切实提升接待区农民的生活水平和生活质量,这两个目标都是不可或缺的。

(一)乡村农业经济与旅游经济协调发展

乡村旅游经济与农业经济发展的基本要素存在重合点,即"靠天吃饭",其中"靠天吃饭"是指农村的自然环境,即农村旅游经济发展的条件或农村的自然环境。因此,要实现乡村旅游经济的可持续发展,就必须保护当地的乡村自然环境。旅游经济与农业经济和谐共生是乡村旅游经济可持续发展的关键要素,农业经济不能因为旅游经济的强劲发展而萎缩,而更应当借力当地旅游经济的发展

带动农业经济向更好的方向前进,实现农业经济的可持续发展。相反,如果乡村氛围完全丧失,一味地注重商业化旅游模式的构建,旅游目的地对游客的吸引力将逐渐减弱。需要注意的是,当前许多地区旅游业的发展并不能保持农业经济的现状,因而有必要把握乡村旅游经济发展的"度",在发展乡村旅游经济的过程中,应当充分考虑当地的农业发展、生态及文化等情况,进一步实现旅游经济的协调发展。

(二)减少乡村旅游收入漏损,增加当地农民旅游收入

总体而言,乡村旅游收入的乘数效应相对较低,这主要是由于旅游收入严重漏损所致。因为乡村旅游的投资者大多是外部商业主体,相当多的旅游商品也并非由贫困地区农民所生产与加工,资金外流的比例较大,直接结果便是当地农民未能实现脱贫致富。同时,依靠自身地区以外的人力、物力和资本的地区,将不可避免地受到这些服务成本的影响,进一步损害当地农民的利益。实际上,在主要依靠自身资源维持旅游业发展的地区,更容易实现农村经济社会的繁荣与和谐,因此,在发展当地乡村旅游扶贫过程中,应当注重更多农民群体的参与。大量事实证明,当旅游企业的经营权和控制权掌握在外人手中时,必然会阻碍当地旅游业的健康发展。宾馆、饭店、汽车公司、缆车公司等,都是乡村旅游中获取经济效益最大的主体,往往都是外商所有,当地依靠这些企业生产自己的旅游产品获取旅游收益。

因此,发展乡村旅游,要确保当地更多的贫困群体或当地企业成为旅游开发、经营和充分参与的主体。政府应鼓励当地农民直接参与旅游经营管理,避免外来商业主体垄断旅游区的宾馆、饭店和旅游商品经营,在立法上尊重和保护当地农民的利益,明确规定当地农民参与旅游的比例,为当地更多农民脱贫致富提供制度保障。

(三)严格检测和评价乡村旅游开发规模和风险

由于贫困地区脆弱的自然环境、传统的农业经济和处于弱势地位的文化传统,都极易受到商业化的影响,商业化的过度开发容易

第六章 基于乡村振兴背景下的乡村旅游扶贫可持续发展问题探究◎

给农村生态环境带来不可逆转的危害，要保持乡村旅游的可持续发展，必须在环境能力范围内科学合理实施相关的开发策略。因此，有必要对农村旅游的环境容量进行监测和评价，确保其健康、可持续发展。

在一定时期内，旅游地的自然环境拥有可持续旅游活动的最大活动承载量，如果这个限制被破坏，观光资源的自然环境就会被破坏。生态环境的最大活动承载量取决于每个旅游者产生的污染物质的量以及环境污染物质的净化和吸收污染物的能力。一般的生态系统具有某种自我净化能力，但如果生态环境系统接受了长期过度的外部输入，尤其是人类的强制输入，生态系统的安定必然受到破坏，生态系统就有可能面临不均衡或崩溃的情况。

二、乡村旅游可持续发展的战略选择

（一）政府主导

政府在乡村旅游中的作用不应当仅是管理，而应当担负其推动乡村旅游健康发展的任务，要明确乡村旅游发展方向，为乡村旅游发展提供服务，为个体经营管理者和非正规部门创造良好的发展环境。这样才能使乡村旅游朝着可持续和社会效益的方向发展。

首先，乡村旅游所在地政府应当将乡村旅游管理纳入政府行政管理职能中，并纳入政府长远规划，明确各级职责，制定有关乡村旅游的法律、法规或者条例，并将乡村旅游行为规范、经营管理以及环境卫生等方面进行规范及引导，进一步促使其走向行业协会自治管理。政府应通过发展政策、土地和水资源管理计划、人力资源和财务管理等有效参与乡村旅游的发展，调整各地区利益，实现对乡村旅游的宏观调控。在现代化标准体系中，农村是以现代化标准为基础的，在经济发展过程中还应当实现文化与其他文化和谐的实现，获得及巩固当地农村本土文化地位。为此，政府应当通过各种宣传方式和媒体树立正确的文化发展观，强调文化发展的多元性，克服不同文化间的偏见，使其认识到自身文化的价值和魅力。

其次，为了支持制定更为适当的政策来丰富及提升贫困乡村旅游地的文化内涵，应当将乡村旅游纳入城市的常规休闲体系。在此过程中，强化本土乡村文化特色,突出乡村景观的风格,保持"异域"的形态特征,注重发挥当地文化优势,依托文化发展壮大当地文化产业,并积极结合当地旅游经济发展,创新发展路径及方式,在一定程度上依托乡村旅游地的文化传统,进一步强化当地农民及外来游客的共同心理认同感。

(二)企业经营

外来文化总是以各种方式成为本土文化的一部分。在经济现代化引发的文化现代化进程中,存在一些传统文化被抛弃的现象。在旅游活动中,传统文化与外来文化的不断碰撞和融合,被选择性地吸收和融入满足旅游者需求的旅游文化中,重新被设计,形成以乡村文化为主要资源的旅游商品形态。目前的旅游文化产品很多是旅游类旅游产品,涉及旅游行为的文化性和本土文化的渗透性以及农村地区的自然景观,当地丰富的历史遗迹。因此,有必要对具有乡村文化特色的旅游商品进行创新,目前,可开发的项目主题有生活体验之旅、生活仿真之旅、农业教育之旅、生态示范之旅、民间娱乐之旅等。

乡村旅游的强大力量来自乡村意象,乡村意象是乡村旅游发展的一大属性。村落形象是一种极其重要的无形旅游资源,作为旅游企业开发者,更应当依托当地丰厚的乡村韵味开发更多的产品及特色服务,让更多的旅游消费者感受到乡村风情以及体验当地浓厚的文化韵味。企业在经营过程中不应当只看重经济利益,更应当主动担负起传播当地文化、发扬当地文化的社会责任,让乡村发展更加可持续化。

(三)社会参与

任何一种文化都是一个独立完整的系统,如果为了一个目的去塑造或改变一种文化,就会阻碍文化的正常发展。当前乡村旅游地出现的文化变迁是城市文化移植的结果,在乡村旅游发展中,"乡村文化复兴"的实质是站在城市文化的立场上对"文化间"的思考和重构,然而农村文化长期适应其生存环境,具有存在价值和使用价值。因此,必须尊重农村居民的文化,尊重他们的文化自由权,进一步提供当地文化自由发展的空间，实现本土文化的传承与发展。

乡村好客文化是乡村文化对外来者态度、方法和内容的综合表现。乡村好客文化的基本内容包括接待礼仪、社会风气和乡村景观。待客之道和社会精神是乡村好客文化的重要人文载体，而乡村风光则是重要的物质载体。我们要通过服务质量和旅游营销手段，为游客提供文化价值以及更好的旅游体验。具体而言，应当更为关注专家以及社会团体的参与，专家及社会群体能够更有深度地挖掘当地旅游的文化内涵，还能为乡村旅游提供更有价值及指导意义的帮助，并为乡村旅游的可持续发展建言献策，同时，又可以密切促进乡村旅游和乡村文化的产生，促进乡村旅游产品的快速创新，真正促进乡村旅游的可持续发展。

第三节 基于乡村振兴背景下乡村旅游扶贫可持续发展保障措施探究

发展乡村旅游扶贫是解决"三农"问题的重要途径之一。乡村旅游扶贫对当地社会、经济、文化产生了积极影响，极大地促进了当地社会的健康有序发展。近年来，随着可持续发展理念在公众中的深入，旅游业的可持续发展越来越受到重视，乡村旅游扶贫的可持续性已成为越来越多学者和政府部门关注的焦点。就乡村振兴战略的贫困村而言，旅游扶贫的可持续发展受到诸多因素的影响和制约，在落实保障措施可持续性时，更应当注意措施的完整性和发展性。

一、基于乡村振兴背景下乡村旅游扶贫可持续发展保障思路探析

（一）从打造乡村旅游品牌核心竞争力入手

文化是旅游的灵魂，乡村地区有着特别丰富的民俗文化资源，挖掘、提炼、包装特色文化是提升区域旅游竞争力的核心。因而，

要让每一个村民都认识到自己文化的独特性,强化本土文化的认同感,建立起独特的乡村文化。品牌是当地旅游的名片,所以更应当构建具有吸引力、影响力、竞争力的乡村旅游品牌。乡村地区在挖掘、提炼、打造旅游品牌时,可以从以下几个方面入手:首先,依托丰富的民族文化资源和自然资源,深入挖掘传统村落、民俗村落、文化遗产地、传统建筑、农业遗址等文化精髓,发挥"旅游""生活""农耕"的作用,打造多样化、个性化、差异化的特色旅游产品。其次,依托乡村文化传统,打造独具特色的文化节,深入挖掘文化,如乡村舞蹈节、民族服饰文化艺术节等,强调乡土性、民族性、特色性。最后,将民间传统艺术、民间手工技艺、民族美食工艺、民歌等非物质文化遗产融入旅游项目和产品中,既能够促进民族文化遗产的保护和利用,也有助于在乡村振兴战略背景下提升乡村旅游扶贫效果,促进当地经济的可持续发展。

(二)从创新乡村旅游商品营销模式发力

农业和农村产品丰富多样,其绿色生态、无污染、有机特性深受广大游客欢迎,带有当地特色的纪念品、水果、有机蔬菜、传统工艺等原创商品受到众多游客的喜爱。所以,在发展旅游文化、开发创新旅游产品的过程中,应根据当地乡村的特点开发多种乡村旅游产品,最大限度满足各类游客的需求。在此过程中,应当首先在旅游商品的营销环节发力,借助多种媒介手段并结合线上线下共同营销,创新乡村旅游商品营销途径,进一步强化农村自制旅游产品在旅游市场上的作用,拓宽贫困农民的收入通道。农民的脱贫、乡村的发展与振兴,不仅要树立农民独立精神,而且要借助现代化的手段发展乡村旅游经济,注重在营销环节发力,让原汁原味的乡村旅游项目更多地"走出去",吸引更多的消费者来此地游玩,为后期乡村旅游提供保障。

(三)注重建立与完善文化自我保护传承机制

为进一步做好乡村旅游可持续发展的保障工作,还应当制定相应政策扶持乡村建立与完善其文化的自我保护传承机制。全球化是

第六章 基于乡村振兴背景下的乡村旅游扶贫可持续发展问题探究◎

当今时代不可阻挡的潮流,同样,文化的影响是相互的,但在一个国家,在世界文化体系中文化地位的差异是不同的,农村文化的弱势地位必须成为发展中的保护对象。为了进一步保障乡村旅游顺利开展,应当注重当地文化的保护与传承,要制定一系列政策为乡村旅游的可持续发展奠定基础。因此,在乡村旅游的可持续发展中,应当构建最受欢迎的公众参与机制,并形成较为完善的监督体系,提升当地村民文化保护与传承意识,大力发掘其文化在旅游开发和民族建设中的价值,引导社区居民正确认识农村传统文化的价值和作用,挖掘农村传统文化的精髓,激发农村文化的活力。农村文化建设不仅要为社区居民提供服务,更要动员社区居民进行文化创造,使之成为新农村文化建设的主体。通过培育社区居民文化骨干力量,帮助他们提高经营质量,积极推动新农村文化项目的发展。如开展"民间艺术""特色艺术之乡""民间工艺大师"等活动,积极开发与挖掘剪纸、绘画、陶瓷、泥塑、编织等私人工艺品项目,结合乡村旅游的发展,使传统民俗文化呈现出独特的多元功能,时刻保持旺盛的生命力。

二、基于乡村振兴背景下乡村旅游扶贫可持续发展保障措施

(一)政府引导,规范发展

在乡村振兴背景下,为进一步做好乡村旅游扶贫的可持续发展保障工作,政府的引导以及规范制定起到非常重要的作用。乡村旅游作为促进农村发展的手段,政府必须为其提供良好的制度支持。结合当下各地区的发展情况协调中国农村城镇化和现代化发展的战略步骤,适度干预和支持农村旅游发展,并做好规划、资金、政策、推广、基础设施建设和发展管理工作。在此基础上,在农村旅游扶贫开发中,应鼓励建立与乡村旅游扶贫相关的民间组织、协会等,联合社会力量进一步保障当地农民的旅游发展利益,促进社会效益和经济效益的协同发展。

为了进一步做好保障工作,政府还应当积极接受监督,对群众

◎基于乡村振兴背景下乡村旅游扶贫研究

反映的问题进行调查处理,确保监督工作稳步开展,确保广大游客和贫困群众的知情权、参与权和监督权,确保乡村振兴战略的稳步实现,保障贫困和资助项目的开展以及贫困人口的利益。除此之外,相关部门还应当加强指导,积极完善与建立农村扶贫管理体系,推动乡村旅游发展和扶贫资金援助,积极鼓励更多民营企业投资乡村旅游项目,鼓励农民以土地、房产、果园等多种经济实体参与到乡村旅游开发中。完善乡村旅游扶贫模式,建立农村发展财政制度,确保财政资金在乡村旅游中的效果。通过发挥国家农业信贷担保体系的作用,确保更多的金融资源支持乡村旅游发展,同时,进一步强化设施用地政策,引进资金、技术、人才,健全市场准入和监督管理制度,利用好农村限制建设用地,发展农村新兴产业、农业休闲旅游设施等。

（二）保护环境,增进协调

发展乡村旅游扶贫应当坚持可持续发展的原则,要注重在实现经济效益的同时,兼顾生态、人文、社会发展等多方面的效益。在保护自然环境方面,政府应当规范乡村旅游扶贫,并进行适当干预,确保乡村旅游发展不超过当地生态环境和农业生产负担的增长速度,并调整环境负荷与经济效益之间的矛盾。

注重农村生态环境是推进乡村旅游扶贫的关键,也是实现乡村振兴战略的根本。我国乡村地域占地广阔,所以在开展乡村旅游发展的同时,更应当注重乡村环境的治理,要结合实地开展调研活动,根据各个地区的差异性进行针对性的整治活动,科学规划以及科学布局,坚持在发展经济的同时,不以牺牲当地的生态为代价。坚持绿色发展,全面推进贫困地区乡村的发展以及可持续,注重积极探索绿色发展、绿色扶贫,将生态扶贫贯穿于乡村旅游扶贫的始末,进而,在保护生态环境的大前提下,发展乡村的旅游业,带动贫困地区农村收入的增加以及当地产业的可持续发展,促进乡村反哺农业、农村、农民的发展,努力建设美丽乡村。

总之,在发展乡村旅游扶贫过程中,要积极借助乡村自然资源和人文资源,把农牧活动与休闲农业、传统农业文化与现代乡土文化有机结合起来，在生态工作保护到位的基础上，有效促进农村第一、第二、第三产业融合发展，推动乡村生产、生活、生态三位一体发展，从而有力促进乡村振兴。

（三）"互联网+"产业驱动

对于贫困地区来说，"互联网+"带来了信息流，有助于解决贫困人口的教育、医疗和经济发展等问题。在旅游扶贫开发方面，"互联网+"可以介入旅游扶贫中，进一步促进当地特产的营销以及当地旅游产品的宣传，让本地的美景"走出去"，借助线上宣传吸引更多的游客。

在借助"互联网+"开展旅游扶贫项目过程中，既要立足当前，又要着眼长远，积极探索产业精准扶贫的多种模式。贫困地区旅游资源丰富，要积极以发展旅游业为突破口，根据自身的自然和生态资源条件，进行产业定制和整合。通过实施"旅游+农业""旅游+文化""旅游+电子商务""旅游+生态"等产业融合发展模式，拓宽当地贫困地区农民的致富渠道，增强致富能力。在此基础上，积极开展产业扶贫，注重产业培育、产业振兴等，并积极围绕农村和旅游业，构建产业融合发展体系，促进农业转型升级，充分发挥"旅游+农业""旅游+生态"的综合效应。同时，还应当培育多种形式的乡村旅游，构建贫困地区的产业发展基础，促进贫困地区旅游业的可持续发展。通过建设旅游农场、采摘天堂、休闲中心、农业科技园区、旅游农副产品中心等项目群，实现"旅游+农业"；通过建设避暑山庄、度假天堂、森林氧吧、生态园林等产业体系来实现"旅游+生态"；通过打造乡村民俗博物馆，打造以本土文化为中心的乡村生产体验馆；通过"旅游+电子商务"的方式，引进民族贫困地区特色产品，积极结合市场需求，实现农产品转型升级，把特色农业资源转化为经济资源，帮助农民增收、脱贫致富。

参考文献

[1] 舒伯阳, 马静. 中国乡村旅游政策体系的演进历程及趋势研究——基于30年数据的实证分析 [J/OL].[2019-09-20]. 农业经济问题, https://doi.org/10.13246/j.cnki.iae.20190912.001.

[2] 孙卉樱. "乡村振兴战略"背景下乡村旅游精准扶贫的路径研究——以南京市六合区为例 [J]. 现代经济信息, 2019(14):479-480+488.

[3] 郑兵, 刘玉芳. 乡村振兴战略背景下重庆市巫溪观峰村乡村旅游发展研究 [J]. 旅游纵览（下半月）, 2019(7):170+172.

[4] 李增德. 精准旅游扶贫中企业帮扶策略研究 [J]. 河北企业, 2019(7):78-80.

[5] 满孝平, 常红旭. 乡村振兴战略下乡村旅游扶贫实践路径研究 [J]. 中国市场, 2019(21):20-21.

[6] 李杰. 呼和浩特市乡村旅游扶贫政策执行研究 [D].呼和浩特: 内蒙古大学, 2019.

[7] 王龙. 易地扶贫搬迁：新型社区旅游开发与乡村振兴协同发展研究 [D].贵阳: 贵州大学, 2019.

[8] 林丽娟. 光山县乡村旅游扶贫研究 [D].桂林: 广西师范大学, 2019.

[9] 袭威. 新发展主义视角下旅游企业乡村减贫影响机制研究

[D].济南：山东大学，2019.

[10] 郭晓丹.乡村振兴战略背景下烟台乡村旅游创新发展研究[D].烟台：烟台大学，2019.

[11] 兰虹,汪俐君,何南君.乡村振兴战略下新时代旅游扶贫创新路径研究[J].绥化学院学报，2019,39(6):39-43.

[12] 钟卫红.经济新常态下乡村旅游与文化创意产业融合发展[J].现代营销（下旬刊），2019(9):70-71.

[13] 曹宝卫.以民宿发展促旅游扶贫助乡村振兴的河南实践[N].中国旅游报，2019-05-21(003).

[14] 杨姣姣.拉萨市乡村旅游发展的公共政策研究[D].拉萨：西藏大学，2019.

[15] 张伟波.乡村振兴战略下农村旅游扶贫探析[J].农业经济，2019(5):41-43.

[16] 石媚山.乡村旅游精准扶贫的运行机制、困境和策略[J].农业经济，2019(5):59-60.

[17] 农银大学武汉培训学院课题组,何独业,吴霜,黄凯莉.乡村振兴战略布局下金融支持旅游扶贫的路径探究[J].农银学刊，2019(3):36-40.

[18] 罗亚男.旅游精准扶贫中基层政府的社会动员[D].兰州：兰州大学，2019.

[19] 张行发.基于社区参与视角的乡村旅游精准扶贫问题及路径研究[D].天津：天津商业大学，2019.

[20] 施云燕.乡村旅游扶贫模式创新与策略深化[J].度假旅游，2019(3):80.

[21] 杨妮娜.农村地区乡村旅游扶贫的实施策略[J].中国集体经济，2019(7):9-10.

[22] 高宇亭,赵伟.探究乡村旅游扶贫模式创新优化的策略[J].商业经济，2019(1):114-116.

[23] 张卫星.乡村振兴战略下的新时代村寨生态体育旅游精准扶贫研究[J/OL].当代体育科技，[2019-09-20].https://doi.org/10.16655/j.cnki.2095-2813.2019.27.231.

[24] 马潇.关于乡村旅游扶贫实现策略的研究[J].粮食科技与经济,2018,43(12):93-95.

[25] 金慧,余启军.湖北民族文化遗产助力扶贫开发策略研究[J].中南民族大学学报(人文社会科学版),2018,38(6):32-35.

[26] 徐涵,方叶林.旅游扶贫重点村空间分布及产业特征——以安徽省为例[J].资源开发与市场,2018,34(11):1587-1592.

[27] 王金莲,王震,余安琪.基于社区参与的皖南山区旅游扶贫发展策略研究[J].价值工程,2018,37(34):293-294.

[28] 孙沁.乡村旅游精准扶贫实践困境与路径选择[J].中国集体经济,2018(33):15-16.

[29] 刘佳.发展乡村旅游 助力脱贫攻坚[J].旅游纵览(下半月),2018(10):176+179.

[30] 潘青.乡村振兴视角下农村旅游扶贫策略研究[J].农业经济,2018(10):87-89.

[31] 王旭丽.乡村旅游精准扶贫实现路径研究探析[J].度假旅游,2018(10):62-63.

[32] 李彪.试析乡村旅游精准扶贫模式创新[J].山西农经,2018(18):33+35.

[33] 吴俊.充分发挥文化旅游优势 推动旅游扶贫优质发展[N].中国旅游报,2018-09-19(003).

[34] 刘丹.乡村旅游扶贫发展的经验与启示[J].旅游纵览(下半月),2019(8):152-153.

[35] 刘迎华.山东农村社区乡村旅游的精准扶贫路径研究[J].山东农业工程学院学报,2018,35(9):60-65.

[36] 官长春,江金荣,黄海棠.乡村振兴背景下乡村民宿精准扶贫研究[J].山东农业工程学院学报,2018,35(9):90-97.

[37] 郝帅帅.新时期旅游扶贫思路在精准扶贫工作中的应用[J].度假旅游,2018(9):40-41.

[38] 周义龙.乡村旅游精准扶贫的运作体系和推进策略研究[J].农村实用技术,2018(9):43-47.

[39] 王思铁.以旅游扶贫助力脱贫攻坚[J].四川党的建设,2018(17):17.

[40] 晏恒.旅游扶贫显成效[J].四川党的建设,2018(17):12-13.

[41] 刘文颖,蔡永云.云南民族地区乡村旅游精准扶贫模式研究[J].大理大学学报,2018,3(9):27-32.

[42] 蔡倩.乡村旅游扶贫的现状、问题与对策研究[D].荆州:长江大学,2018.

[43] 张珊珊.打好乡村旅游牌[N].西藏日报(汉),2016-10-06(005).

[44] 胡华杰.新型城镇化背景下英山县乡村旅游产业转型升级研究[D].武汉:华中师范大学,2016.

[45] 彭静.文旅扶贫与乡村振兴相关策略研究[J].农村·农业·农民(B版),2019(8):22-23.

[46] 黄小波.英山县旅游扶贫开发效应及对策研究[D].桂林:广西师范大学,2015.

[47] 张丽文.林芝乡村旅游扶贫模式探究[D].咸阳:西北农林科技大学,2011.

[48] 成卓.对陕西省乡村旅游精准扶贫中几个问题的思考[J].科技经济导刊,2019,27(23):98-99.

[49] 张葳.精准扶贫视角下河北省乡村旅游可持续发展路径探析[J].经济论坛,2019(8):17-22+153.

[50] 刘伟.扶贫开发视角下的乡村振兴计划探究[J].住宅与房地产,2019(22):223.

[51] 王文娟.一带一路背景下乡村扶贫旅游开发创新——以陇南为例[J].农村经济与科技,2019,303(14):158+160.